DELIUS KLASING

Philippe Monnet

Gegen Strom und Wind

Auf »unmöglicher« Route
um den Globus

Delius Klasing Verlag

Copyright © 2000 Éditions Glénat,
BP 177, F - 38008 Grenoble Cedex
Titel der französischen Originalausgabe:
LE MONDE A L'ENVERS –
autor du monde contre vents et courants dominants

Die Deutsche Bibliothek – CIP-Einheitsaufnahme

Monnet, Philippe:
Gegen Strom und Wind: auf »unmöglicher« Route
um den Globus / Philippe Monnet.
[Aus dem Franz. von Ingeborg Nöldeke]. –
1. Aufl. – Bielefeld: Delius Klasing, 2001
Einheitssacht.: Le monde a l'envers <dt.>
ISBN 3-7688-1316-9

1. Auflage
ISBN 3-7688-1316-9
Die Rechte für die deutsche Ausgabe liegen beim
Verlag Delius, Klasing & Co. KG, Bielefeld

Aus dem Franz. von Ingeborg Nöldeke
Titelfoto: Yvan Zedda
Umschlag hinten: Yvan Zedda (links u. rechts oben)
CORBIS SYGMA/Yves Forestier (rechts unten)
Fotos (fortlaufende Nummerierung im Bildteil):
Collection Philippe Monnet: Nr. 1, 2, 3, 4, 5, 6, 7, 8, 25, 32;
Jérome Kelagopian: Nr. 9
Yvan Zedda: Nr. 14, 15, 16, 17, 18, 19, 21;
Philippe Monnet/CORBIS SYGMA: Nr. 20, 23, 24, 26, 27;
CORBIS SYGMA/Yves Forestier: gegenüber Seite 32, Nr. 22, 28, 29, 30, 31, 33,
Klappe hinten innen;
CORBIS SYGMA/Alain Nogues: Nr. 34, 35
Philippe Monnet (Zeichnungen): Nr. 10, 11, 12, 13

Schutzumschlaggestaltung: Gabriele Engel
Satz: Fotosatz Habeck, Hiddenhausen
Druck: Clausen & Bosse, Leck
Printed in Germany 2001

Delius Klasing Verlag, Siekerwall 21, D - 33602 Bielefeld
Tel.: 0521/559-0, Fax: 0521/559-113
e-mail: info@delius-klasing.de
www.delius-klasing.de

All jenen,
die nicht zurückgekehrt sind.

Inhalt

4. Indischer Ozean

5. Wieder auf dem Atlantik

Anhang:

1. Der Start

Abschied

Im Halbdunkel meines Hotelzimmers in Brest schaue ich auf das Bett und den braunen, ins Kissen versunkenen Lockenkopf und genieße die Ruhe dieser letzten Nacht an Land. Am frühen Morgen dieses 9. Januars trennt mich meine Weltumseglung von einer weiteren Nacht wie dieser. Still genieße ich den Augenblick, nehme den Geruch in mich auf, bevor ich meine Liebste wecke. Kaum habe ich die Nachttischlampe angemacht, da sehen mich zwei schwarze Augen schlaftrunken an. »Schon«, fragt Coco mit brüchiger Stimme. »Ja. Wir müssen los.«

In der Hotelhalle bewegen sich einige sonntägliche Frühaufsteher zwischen Frühstücksraum und Empfang. Wir gehen schnell zum Ausgang und steigen ins Auto. In der Dunkelheit des winterlichen Morgens fahren wir durch die einsamen Straßen zum Hafen. Seit wir das Zimmer verlassen haben, hat Coco kein Wort gesagt. Alles scheint unwirklich, nichts ist am Beginn dieses Tages alltäglich. Ein oder zwei Betrunkene ziehen Schlangenlinien, in der Hoffnung, nach Hause zu gelangen. Ihr Weg kreuzt Jogger, die etwas für ihre Gesundheit tun wollen.

Nordwind kommt auf. Es verspricht ein schöner Tag zu werden. Die Umrisse des Seglerhafens Moulin-Blanc heben sich im aufkommenden Nordwind vom Kai ab. Ich sehe die Silhouette der am Ende des Kais vertäuten UUNET, die von der Menschenmenge am Ufer beinahe verdeckt wird. Die Wirklichkeit hat uns wieder. Der Aufbruch, auf den ich so viele Jahre gewartet habe, der immer näher rückte, aber lange in bekannter Zukunft lag, ist nun unausweichlich mit dem von der Tide vorgeschriebenen Zeitpunkt gekommen: um genau neun Uhr.

Überwältigt lehnt sich Coco an mich. In ihren Augen, die das Boot betrachten und die ihre Emotionen kaum verbergen, sehe ich eine Mischung aus Eifersucht und Hoffnung. Mehr als fünf Monate lange wird mich das Schiff ihr wegnehmen und von ihr fernhalten. Obwohl dieser Augenblick des Ablegens so lang erträumt ist, ist es auch der gefürchtete Moment des Abschieds. Unser »Auf Wiedersehen« hat an diesem Morgen eine tiefe Bedeutung. Tränen fließen. Damit unsere Emotionen uns nicht übermannen, hole ich den Wagen und wiederhole: »Wir müssen los.«

Während ich mir einen Weg über den Kai bahne, bin ich in Gedanken schon auf See. Ich weiß, dass jetzt alles sehr schnell gehen wird. Meine Mannschaft, Freunde und Sponsoren begrüßen mich still. Sie werden mich mit Motorbooten begleiten. Meine engsten Vertrauten werden an Bord der UUNET bis zur Reede mitfahren.

»Jetzt!« Gérard d'Abboville macht die Leinen los. Ich blicke nicht auf, es sind zu viele Freunde da. Vom Hafenschlepper gezogen, entfernt sich die UUNET langsam vom Kai. »Bis bald«, sage ich ganz leise vor mich hin. Es herrscht eine gewisse Feierlichkeit an Bord, nur die notwendigsten Worte für das Manöver stören die eigenartige Stimmung.

In dem Augenblick, als die ersten Sonnenstrahlen aufleuchten, setze ich das Großsegel, in der leichten Brise steht es gut. Der Rumpf senkt sich sanft, und der Steven zieht eine erste Spur durch das Wasser. So beginnt ein großes Abenteuer, das mich bis ans Ende der Welt bringen wird.

Die Genua wird gesetzt, und wir nehmen Geschwindigkeit auf in Richtung auf die enge Ausfahrt der Reede. Als wir Kap Saint-Mathieu hinter uns haben, müssen meine Freunde aussteigen. Ein letzter Kuss, zärtlich und voller Trauer. Jetzt bin ich der Einzige, der Manöver ausführen wird. Ich laufe in den Chenal du Four ein, und nähere mich der offenen See. Das Meer ist bewegt und lässt die Begleitschiffe tüchtig tanzen. Leute mit empfindlichen Mägen lehnen sich über die Reling. Dann drehen die ersten Boote um, die mich bis zur offiziellen Startlinie zwischen der Insel Ouessant und Kap Lizard begleiten. Ein Begleiter nach dem anderen verlässt mich. Wahrscheinlich mit Bedauern – auf jeden Fall hoffe ich das.

Um zwölf Uhr zeichnet sich die Insel Ouessant ab, und ich mache mich bereit, die Startlinie zu überqueren. Der Wettkampf wird in Kürze beginnen. Ich bin froh, dass ich wegfahren kann. Ich möchte endlich allein auf dem Meer sein. Doch plötzlich wird die UUNET langsamer; eine Fischerreuse hat das Schiff in voller Fahrt gestoppt. Das fängt ja gut an! So ein ärgerlicher Zwischenfall! Genau vor dem Start. Dies beeindruckt mich aber nicht weiter, denn ich bin nicht abergläubisch und sehe darin kein böses Vorzeichen. Das Einzige, was ich auf mich zukommen sehe, ist ein kaltes Bad. Und wirklich: Meine Anstrengungen von Bord aus sind vergeblich, ich muss tauchen, um die Leine durchzuschneiden, die die UUNET zurückhält. 20 Minuten später habe ich den Vorfall vergessen; der Wind frischt auf, ich rolle die Genua ein, setze das Vorstagsegel und reffe das Groß.

Es ist jetzt 13 Uhr 55 Minuten und 56 Sekunden GMT. Unter den aufmerksamen Blicken von Olivier de Kersauson, Florence Arthaud und Jacques Delorme überquere ich offiziell die Startlinie für meine Weltumseglung gegen Strom und Wind. Der Wettlauf mit der Zeit hat begonnen!

Meine Segelkameraden folgen mir noch einige Seemeilen und kehren dann nach einem letzten Sirenenton um. Ich sehe, wie sie sich entfernen. Auch die Insel Ouessant verschwindet langsam hinter mir. Als das Licht ihres Leuchtturms in der Dunkelheit verblasst, fühle ich ein Kratzen im Hals. Die letzten Bilder dieses Morgens gehen mir noch einmal durch den Kopf. Und mir wird klar, dass vier Ozeane vor mir liegen.

Nur eine Hand voll Männer
gegen Strom und Wind

Eine Weltumseglung gegen Strom und Wind ist der Mount Everest der Segler. Dieser nautische Wettkampf ist so schwierig, dass man die, die ihn gewagt und beendet haben, an den vier Fingern einer Mickymaus-Hand aufzählen kann: 1994 gelang dem Briten Mike Golding diese Weltumseglung in 161 Tagen, 16 Stunden, 32 Minuten und 24 Sekunden. Die anderen beiden, die die Welt gegen Strom und Wind umsegelt haben, sind der Brite Chay Blyth und der Italiener Ambrogio Fogar. Blyth benötigte 1970 291 Tage. Fogar wagte es 1973, war aber nicht schneller als Blyth. Er brauchte mehr als ein Jahr.

Die jüngste Weltumseglung gegen Strom und Wind beendete der 61-jährige Wilfried Erdmann. Der Deutsche lief am 23. Juli 2001 in Cuxhafen ein. Er ist von den fünf Extremseglern der älteste und sein Schiff mit 10,60 Metern das kleinste. Er brauchte für seine rund 32 000 Seemeilen 343 Tage.

Der Erste, der sie geschafft hat, ist ein gewisser Ferdinand Magellan. In der Überzeugung, man könne Asien erreichen, indem man die von Kolumbus entdeckten Länder umrundet, brach der portugiesische Seefahrer am 20. September 1519 in San Lucar de Barrameda auf. Im Oktober des darauf folgenden Jahres entdeckte er die nach ihm benannte Meerenge und gelangte in einen Ozean, dessen Wasser so ruhig war, dass er ihn Pazifik, den Stillen Ozean, nannte. Die Philippinen erreichte Magellan mit seinen Gefährten am 16. März 1521. Wenig später wurde er ermordet. Von seiner Reise kehrte nur die VICTORIA als einziges seiner fünf Schiffe am 6. September 1522 nach Spanien zurück. Nach dreijähriger Fahrt hatten die 18 Überlebenden dieser Expedition als Erste die Welt umfahren und vor allem: Sie hatten sie gegen Wind und Strömung umsegelt. Sie waren damit auch die Ersten, die ein Jahrhundert vor Galilei bewiesen haben, dass die Welt rund ist.

Seit frühester Kindheit fasziniert mich die Geschichte der großen Entdecker wie Christoph Kolumbus, Vasco da Gama, Magellan, Francis Drake, Dumont d'Urville, James Clarke Ross, Ernest Henry Shackleton und Joshua Slocum. In meinen Augen beinhaltet eine Weltumseglung gegen Strom und Wind vor allem die Herausforderung des Einhandsegelns, dann den Rekordversuch und schließlich die Fahrt selbst. Bevor ich daran denke, Mike Golding zu schlagen, will ich mich vor allem auf das Abenteuer als solches konzentrieren: den Südpazifik mit seinen extremen Breiten durchfahren, das Kap der Guten Hoffnung umrunden und vor allem – heil wieder ankommen.

Die erste Nacht auf See

In dieser ersten Nacht auf See studiere ich am Kartentisch gründlich das Hochdruckgebiet, das sich vor dem Boot ausbreitet. Wenn ich dieses Gebiet links umfahre, gerate ich tief in den Golf von Biskaya und laufe Gefahr, lange Zeit festzusitzen. Nach rechts besteht dieselbe Gefahr, aber wahrscheinlich bekomme ich schneller wieder Wind. Dann werde ich zwei oder drei Tage eine heftige Südwest-Strömung ertragen müssen, bevor ich eine kräftige Nordwest-Front für einen Kurs Richtung Madeira erwische. Ich halte die zweite Lösung für effektiver und richte meinen Kurs Westsüdwest aus. Aber da lässt der Wind schon nach, und während ich vor der Insel Ouessant die Nordroute der Frachtschiffe über den Atlantik quere, sitze ich in einer scheußlichen Dünung mitten im Schiffsverkehr fest. Der Wind ist völlig eingeschlafen. Ohnmächtig beobachte ich die ganze Nacht die überall an mir vorbeifahrenden Schiffe. Ich hätte mir einen besseren Start vorstellen können! Ich kann nur hoffen, dass kein Wachhabender auf seiner Brücke torft. Es wäre ziemlich unangenehm, in meiner Koje einen Schiffsbug vorzufinden!

Hightech für alle Eventualitäten

Nach einer schlaflosen Nacht, in der ich ständig das Großsegel mit der Taschenlampe anleuchte, damit mich kein Frachter in zwei Stücke schneidet, ist der nächste Morgen nicht viel angenehmer. Nachmittags frischt der Wind endlich wieder auf und entwickelt sich zum heftigen Wintersturm. Nach der Flaute muss ich jetzt also gegen starken Gegenwind und kabbelige See ankämpfen. Das schlägt ganz schön zu! Für die kommende Nacht mache ich mich auf Gegenwind von 40 bis 45 Knoten gefasst. Obwohl ich dem Ganzen gerne so schnell wie möglich entkommen möchte und weiss, was mein Boot alles aushalten kann, schone ich die UUNET. Es würde dumm aussehen, wenn ich nach nur zwei Tagen auf See infolge einer Havarie wieder in den Hafen einliefe. Ich setze die Sturmfock und nehme drei Reffs ins Großsegel. Das Schiff driftet stark nach Westen, ich habe aber keine andere Wahl: Die meteorologischen Karten bestätigen mir, dass die östliche Route durch den Golf von Biskaya noch schlechter gewesen wäre. Die Tatsache, dass ich in Anbetracht der harten winterlichen Bedingungen die richtige Entscheidung getroffen habe, hebt meine Stimmung.

Ich muss mich gedulden, bis der Wind am Mittwochabend endlich auf 25 Knoten abflaut. In einigen Böen dreht der Wind von Südwest auf West, dann auf Nordwest. Ich wende und segle nach Süden. Dann nehme ich das zweite Reff aus dem Großsegel. Die Genua steht jetzt gut. Die UUNET läuft gleichmäßig zwischen elf und 13 Knoten. Ich atme auf, in der Hoffnung, bald meteorologische Bedingungen zu finden, die der Jahreszeit und der Gegend besser entsprechen. Doch das ist wahrscheinlich eine Illusion.

Nachdem der Wind in der nächsten Nacht über Nord – auf Nordost gedreht hat, muss ich halsen. Während dieses Manövers wird der Heckkorb an Backbordseite weggerissen. Die Schot hat sich in einer kleinen Kamera verfangen, die kurz vor der Abfahrt dort angebracht worden war. Die Schadensbilanz: Kamera weg, Heckkorb weg. Und ein Loch im Deck, das ich vorerst mit Plastiksäcken verstopfe. Um es richtig zu reparieren, muss ich auf ruhigeres Wetter warten.

Der folgende Tag beginnt mit einem verwaschenen Morgenrot. Das Schiff surft bei auffrischendem Wind mit 20 Knoten genau nach Süden. Jetzt muß ich noch einmal halsen: Die UUNET legt sich mit einer scheußlichen Krängung flach auf das Wasser. Ich muss die Segel fieren, um wieder auf Kurs zu kommen sowie das in der Kombüse verstreute Frühstück zusammenklauben.

Nach all den Schwierigkeiten, die seit der Abfahrt vor vier Tagen auf mich eingestürzt sind, zwinge ich mich nun dazu, ein bisschen in der Koje zu entspannen. Langsam übernehmen auch meine Sinne wieder das Kommando über meine Wahrnehmung, sie analysieren ganz selbstverständlich die kleinste Unregelmäßigkeit im Verhalten meines treuen Bootes. Ich bin hellwach, horche auf das Wasser, das an der Bordwand entlangläuft.

Auch ohne die Instrumente, die ich von meinem »Körbchen« aus direkt vor der Nase habe, kann ich genau sagen, welche Geschwindigkeit wir haben. Körper, Geist und Sinne sind instinktiv eins mit den Bewegungen des Bootes. Ich deute jedes Geräusch, jede Veränderung, jede Schwankung. Ein ungewöhnliches Verhalten oder eine überhöhte Geschwindigkeit – ich weiß ganz genau, was draußen passiert und aus welcher Richtung der Wind weht. Das, was mein Körper mir signalisiert, bestätigen mir auch die Instrumente über dem Kartentisch.

Von meinem Kopfkissen aus sehe ich die Skalen der verschiedenen Instrumente, die mir Geschwindigkeit und Richtung von Wind und Boot anzeigen, meine Position, die Wassertemperatur (wegen sich nähernder Eisberge), die Windrichtung im Verhältnis zum Boot, sowie die Windanzeige für den wahren Wind. Das elektronische Barometer zeigt mir den Luftdruck auf ein hundertstel Millibar an. Die UUNET besitzt auch einen Radarschirm: Ein rotes Licht und ein akustisches Warnsignal melden die Anwesenheit von Frachtern. Er registriert auch jede meteorologische Veränderung. Ein zweiter Computer, der »Standard C«, erlaubt mir, per Internet Botschaften und Bilder zu versenden. Ein gelbes Licht an diesem Gerät sagt mir, ob mich eine Nachricht erwartet. Er gibt mir auch Seekarten mit der GPS-Position meines Standortes sowie Karten mit Angaben zu Wetterlagen und Windrichtungen. Die Bordausstattung enthält außerdem ein Satelliten-Telefon, ein »Iridium«-Handgerät, das auf der Südhalbkugel arbeitet, ferner ein fest installiertes und ein tragbares UKW-Gerät eine Anzeige für den Hydraulikdruck des Kippkiels.

Für zwei Gruppen von Batterien gibt es zwei Geräte, die deren Spannung, den augenblicklichen Stromverbrauch in

Ampere, die Ladespannung sowie den Verbrauch seit der letzten Aufladung angeben. Für Mußestunden verfügt die UUNET auch über Stereo-Empfang, außerdem besitzt sie ein ausgeklügeltes System von fest installierten Kameras: drei im Mast, eine achtern über dem Spiegel, eine weitere in dem Heckkorb an Steuerbordseite. Sie sind alle mit einem Monitor für Aufnahmen und Bildauswahl ausgestattet. Dann habe ich noch zwei tragbare, hochmoderne, nur faustgroße Digitalkameras, von denen eine wasserdicht ist. Einen zweiten Bildschirm nutze ich zum Schneiden des Materials. Das ganze System ist mit einem Hochfrequenzsender verbunden, sodass es einem Flugzeug, das an unterschiedlichen Punkten des Globus über mich hinwegfliegen wird, meine Daten übermitteln kann. Diese eindrucksvolle Technologie verbindet sich an Bord mit einer Dekoration, die sich mein Freund Lucien Tessarolo, ein Tiermaler, ausgedacht hat: Er hat die Ungemütlichkeit meines begrenzten Universums in eine afrikanische Savanne voller unwirklicher Tiere verwandelt.

Sie können mir glauben, dass ich gut beschäftigt bin mit der Überwachung all dieser Geräte an Bord. Aber manchmal zeigen einem die unerbittlichen Elemente der Natur, wie lächerlich ein solch ausgeklügeltes System sein kann: Wenn man in der Antarktis 5000 Kilometer von der nächsten Küste entfernt unterzugehen droht, dann bringt einem die Tatsache, dass man innerhalb von 30 Sekunden seine Großtante anrufen und ihr per E-Mail ein Foto schicken kann, nicht viel. Trotz der großartigen Ausstattung ist dieses stolze Boot also doch nur eine Nussschale, mit der die Natur nach Lust und Laune ihr Spiel treiben kann.

Wie ein Känguru

Donnerstag, der 13. Januar. Der fünfte Tag auf See. Die ersten vier Tage auf See waren im Gegensatz zu heute sehr anstrengend. Seit der Abreise ist der Wind eher von Süden gekommen – ohne jede Sicht, mit ekligem Nieselregen und grauem Himmel. Und gleich zu Beginn meiner Reise bin ich mitten in Probleme geraten. Heute jedoch scheint ein bisschen die Sonne. Das tut gut. Dank des achterlichen Windes bewege ich mich nicht mehr wie ein Känguru und kann mich endlich etwas ausruhen. Gestern Abend habe ich in einer schönen Dünung zwei bis drei Stunden nacheinander mehr als 17 Knoten gemacht, manchmal sogar 23 Knoten.

Dieses scheußliche Wetter, das mir wohl keinen Moment Ruhe lassen will, holt mich zwei Tage später, am 15. Januar, wieder ein. Ich befinde mich querab von Madeira und mache gute Fahrt nach Süden. Die heftigen Schauer und Böen erfordern meine ständige Aufmerksamkeit. Die See geht hoch. Kräftige Güsse stürzen auf das Boot und mich herab und machen mit Regen und Hagel den Tag zur Nacht. Wegen des drehenden Windes muss ich dauernd wenden.

Gegen Abend kreuze ich einen von Westen kommenden Frachter, der in Richtung Gibraltar fährt. Auch ihm ist sicherlich nicht wohl bei diesem starken nördlichen Seegang. Er schlingert. Der einzige Trost bei diesem Sauwetter ist der achterliche Wind, der mir jetzt eine gute Durchschnittsgeschwindigkeit erlaubt.

Die Nacht bricht an. Alle 20 Minuten ein Regenschauer. Der Wind bläst mit 50 Knoten über das Meer. Vor einer Woche bin ich in Brest aufgebrochen. Diese stürmische Seefahrt hat mich völlig mit Beschlag belegt und jedes Zeitgefühl ausgelöscht. Ich habe wegen des schlechten Wetters und des Schlafmangels Kopfschmerzen, die Augen sind vom Salz aufgedunsen, die Hände tun weh, weil sich noch keine Schwielen gebildet haben.

Von Anfang an bin ich bestrebt, eine regelmäßige Durchschnittsgeschwindigkeit zu halten und vorwärts zu kommen, ohne ein zu großes Risiko einzugehen, denn Boot und Material sollen in einem gutem Zustand sein, wenn ich südliche Breiten erreiche. Wegen der vielen Schauer, die starke Böen mit sich bringen, muss ich am nächsten Tag ständig ein- und ausreffen. Das geht so bis zum Abend. Dann segelt UUNET unter Groß- und Genua. Diese Besegelung will ich bestmöglich nutzen, denn der Wetterbericht kündigt nicht gerade ideale Bedingungen an: Die Lage des Hochdruckgebietes zwingt mich, das Barometer ständig im Auge zu behalten, damit ich am Rand des Hochs entlang fahre und mich nicht in seinem Innern einschließen lasse.

Am darauf folgenden Abend des 17. Januar wird der Wind regelmäßiger. Nachdem die Sonne in einem roten, orangen und purpurroten Flammenmeer untergegangen ist, beginnt eine sternenklare Nacht. Ich nähere mich dem Wendekreis des Steinbocks, das Meer hat 21 °C. Es wird wärmer, die Kleidung wird leichter. Mitten in der Nacht ersetze ich die Genua durch den asymmetrischen Spinnaker. Jetzt kann ich mich ein bisschen ausruhen.

Hals gebrochen

Mittwoch, der 19. Januar. Das Leben an Bord hat sich verändert. Der Seegang ist schwächer geworden. Die Decksluken sind geöffnet, und es ist herrlich zu spüren, wie ein Luftzug durch das Innere der UUNET streicht. Denn zehn Tage Seegang waren ausreichend, um alles mit Feuchtigkeit zu sättigen.

Am Abend bricht der Hals des Vorsegels. Damit ist entschieden: Ich werde heute noch nicht dazu kommen, den Reisebericht Magellans zu lesen, den ich zusammen mit einem guten Dutzend Romanen so unterschiedlicher Schriftsteller wie Dostojewski, Françoise Sagan, Christian Jacq und Bernard Clavel mitgenommen habe.

Ein eingerolltes Vorsegel von 280 Quadratmetern fallen zu lassen, ist ganz einfach. Aber um dieselben 280 Quadratmeter bei einer Windstärke von 20 Knoten auf das enge Vorschiff eines Einrumpfbootes zu holen, das Fall in der linken Hand, während die rechte trotz des Schlingerns versucht, das Segel zu bergen, ist nicht ganz einfach. Dafür bräuchte man den Körperbau eines mit Fangarmen ausgestatteten Kopffüßers oder die Beweglichkeit eines Beuteltieres. Da ich leider über beides nicht verfüge, schmeiße ich die Schot los, fiere das Fall und lasse das Segel ins Wasser gleiten. Erst dann ziehe ich das Tuch per Winsch an Deck – am Schothorn, wie bei einem Hochseetrawler. Die Reparatur des Halses kostet mich anschließend drei Stunden.

Rückblicke

Seit meiner Abfahrt haben mich die äußeren Bedingungen so gefordert, dass ich die Tatsache, endlich auf See zu sein, noch gar nicht recht genießen konnte. Dabei habe ich 16 Jahre Planung und zehn Jahre harte Arbeit hinter mich gebracht, um hier sein zu können.

Die Idee zu einer Einhand-Weltumseglung kam mir zum ersten Mal 1984. Damals gehörte ich zur Mannschaft von Eric Tabarly auf der PAUL, und mir fiel auf, mit wie viel Aufmerksamkeit Publikum und Teilnehmer Einhand-Weltumseglungen verfolgten. Ich habe auch die spektakuläre Entwicklung der Mehrrumpfboote erlebt. Trotz des schlechten Rufes der Mehrrumpfboote, die als wenig zuverlässig galten, stellte ich mir für mein neues Abenteuer ein Boot vor, das gut durchdacht und für die Hochseefahrt in antarktischen Breiten geeignet wäre. Und das einen Einhandsegler um die Welt führen könnte. Alle Meere dieser Welt reizten mich, und ich spürte, dass sich mein damaliges Tätigkeitsfeld ausdehnen würde.

Vor allem reizte es mich, unseren Planeten kennen zu lernen, auf den Spuren der Entdecker zu segeln und besonders die Reise Magellans nachzuvollziehen. Der Gedanke an eine Weltumseglung gegen die natürlichen Gegebenheiten zog mich an. Einem einzigen Segler war diese Tour gegen den Strich bisher gelungen: dem Briten Chay Blyth. 1971 hatte er die – wie er selbst sagte – »unmögliche Route« in 292 Tagen bewältigt.

Bevor ich mich dieser äußersten Herausforderung stellen konnte, malte ich mir andere Abenteuer aus, die alle auf den Klippern, den schnellsten Segelschiffen aller Zeiten auf ihren Routen im vorigen Jahrhundert, beruhten. An Bord dieser Handelsschiffe, die den Ruf hatten, das »Wasser zu zerschneiden«, hatten Engländer und Amerikaner die Ozeane überquert, um in Australien Wolle zu laden oder in Hongkong Tee. Die Konkurrenz war hart, und wer als Erster ankam, konnte sicher sein, seine Ladung zum besten Preis zu verkaufen. Zur großen Freude der Buchmacher lieferten sich die Schiffe regelrechte Kämpfe. In den englischen Häfen wettete man auf Reedereien, Schiffe und Kapitäne. So wurden seit 1853 die Rennen der Teeklipper ausgetragen. Sie galten als jährliche Ereignisse, die bis zur Eröffnung des Sueskanals 1869 stattfanden. Dasselbe galt für die »Goldroute«, die (noch bevor die Eisenbahn Amerika durchquerte) New York um das Kap Hoorn herum mit San Francisco verband. Seit 1851 war niemand so schnell gewesen wie damals die FLYING CLOUD unter Kapitän Josiah Creesy: In nur 89 Tagen und acht Stunden verband er die beiden amerikanischen Häfen miteinander.

1986 fing ich an, die großen historischen Rekorde anzugreifen. Auf einem 24,50 Meter langen Trimaran, der ehemaligen JACQUES RIBOUREL von Olivier de Kersauson, gelang mir auf einem Mehrrumpfboot ein Rekord für die Einhand-Weltumseglung in der normalen Wind- und Strömungsrichtung. Von und bis Brest brauchte ich 129 Tage. Ich war überglücklich: Es war mir gelungen, Wettfahrt und Abenteuer miteinander zu verbinden, so wie ich es mir vorgestellt hatte. Ich war damals 28 Jahre alt, und da boten sich mir völlig unerwartete Erfolgsperspektiven ... In den Afrika-Rallyes: Der

Partner meiner Anfänge bei nautischen Wettkämpfen, Ricard, unterhielt auch eine Automobil-Mannschaft. Auf diese Weise hatte ich den Fahrer Jean-Pierre Gabreau kennen gelernt. Als er sich an mich wandte und mir vorschlug, mit ihm die Atlas-Rallye zu fahren, war ich auf See, kurz vor dem Ende meiner Weltumseglung. Start sollte 14 Tage nach meiner Ankunft sein. Kaum war ich von Bord, da begann mein erstes Autorennen, das mit einem Sieg endete!

Begierig auf Abenteuer und Erfahrungen, ließ ich mich leiten vom Leben und den Gelegenheiten, die es mir bot. Ich war voller Pläne: Einerseits lockte Paris – Dakar mit Jean-Pierre, andererseits das Figaro-Rennen und möglicherweise der Rekord New York – San Francisco auf den Spuren der Klipper. Eine vielversprechende Zukunft schien vor mir zu liegen. Aufregend! Doch dann kam ein harter Schlag: Als im Juli 1987 ein Gesetz das Sponsoring durch Alkohol-Marken untersagte, sprangen meine drei wichtigsten Sponsoren (Kriter für New York – San Francisco, Pastis für Paris – Dakar und Ricard für das Figaro-Rennen) ab. Ich war auf den Boden der Tatsachen zurückgekehrt. Es kostete mich ein ganzes Jahr, bevor ich neue Geldgeber gefunden und ein neues Boot erworben hatte. Dank eines Darlehens, für das der Rennfahrer Jean-Pierre Jarier bürgte, kaufte ich die für Philippe Poupon gebaute FLEURY MICHON VI von Olivier Moussy, der einen Monat nach meinem Kauf im Meer verschwand.

Auf diesem 18 Meter langen Trimaran startete ich im Kielwasser der Klipper auf der Goldroute und umfuhr Kap Hoorn gegen Wind und Strömung. Trotz einer Unterbrechung von zehn Tagen nach dem Zusammenstoß mit einem

südpolaren Eisberg gelang es mir, den alten Rekord der FLY-
ING CLOUD von 89 Tagen um neun Tage zu senken.

Voller Begeisterung darüber, dass ich mit dem Trimaran
einen weiteren Rekord gebrochen hatte, überquerte ich dann
mit dem gleichen Boot den Pazifik, um von Hongkong aus
auf der Route der Teeklipper zu segeln. Ich erreichte London
in 67 Tagen und schlug damit den seit 130 Jahren von der SIR
LANCELOT gehaltenen Rekord.

Drei herausfordernde Weltumseglungen habe ich also ver-
wirklicht, mit den vorherrschenden Winden auf den nördlichen Breiten in der logischen Richtung von Ost nach West.
Eine weitere Tour um die Welt habe ich in zwei Etappen ab-
solviert und zwar in entgegengesetzter Richtung. Um nun
das Kapitel »Extrem-Abenteuer« auf dem Wasser abzu-
schließen, blieb mir nur noch übrig, das Allerschwierigste,
Gefährlichste und Längste zu wagen: den Weltrekord gegen
die vorherrschenden Winde und Strömungen der südlichen
Breiten zu brechen, dort, wo es kein Land gibt. Und das als
Einhandsegler, ohne Zwischenstopp. Wir lebten damals im
Jahr 1990, und ich sollte noch zehn Jahre brauchen, bevor dieser Traum wahr werden konnte. Zehn Jahre habe ich das Projekt in seinen kleinsten Einzelheiten durchgearbeitet und bin
hinter Geld hergelaufen, das man für ein solches Unternehmen braucht. Die ganze Zeit hindurch bin ich durch Afrika,
Russland und China gefahren und habe oft schöne Siege errungen. Auf diese Weise verdiente ich meinen Lebensunter-
halt, finanzierte so meine Suche nach Geldern für das Segel-
projekt, während ich gleichzeitig meiner Leidenschaft für
Autorennen frönen konnte.

Vier Jahre nach meinem Entschluss, 1994, hat sich schon ein anderer Segler auf die Weltumseglung linksherum gemacht: An Bord einer robusten Slup von 21 Metern schlug der britische Profisegler Mike Golding den Rekord des Chay Blyth. Er war 130 Tage weniger auf See. Diese Leistung war das Ergebnis von 23 Jahren technischen Fortschritts. Die Boote hatten in diesem Zeitraum eine bemerkenswerte Entwicklung durchgemacht, sie waren wesentlich zuverlässiger als 1971. Ebenso hatte sich die Meteorologie weiterentwickelt, und man wusste 1994 auch über die Randgebiete des Globus sehr viel besser Bescheid als 23 Jahre früher.

Ohne den Erfolg Mike Goldings gering schätzen zu wollen, war ich jedoch überzeugt, dass ich es noch besser machen könnte. Ich bedauerte in keiner Weise, dass er mir mit diesem Abenteuer zuvorgekommen war.

1999 sah ich dann zu meinem Erstaunen, dass sich der Franzose Jean-Luc Van den Heede der gleichen Herausforderung stellte. Doch zu seinem Unglück wurde seine Weltumseglung am 19. November zwischen Kap Hoorn und Australien gestoppt: Ein Wassereinbruch im Rumpf der ALGIMOUSS vereitelte seinen Versuch. Deshalb war Jean-Luc bei meiner Verabschiedung in Brest zugegen!

Freitag, der 21. Januar. Der Wendekreis des Krebses liegt hinter mir, der Wind weht schwach. Doch da die UUNET bei schönem Wetter und voller Beseglung sehr gut läuft, ermöglicht sie mir, eine Durchschnittsgeschwindigkeit von zehn Knoten zu halten. Wechselnde Winde erfordern meine ständige Aufmerksamkeit. Es ist nicht sehr warm, und der Himmel bleibt bedeckt. Seit Brest hat sich die Sonne recht wenig sehen lassen. Da mir die erholsame Nachtruhe fehlt, entspanne ich mich auch tagsüber während kurzer Schlafphasen, in denen die Müdigkeit mich in eigenartige Träume versenkt. Ich schlafe so tief, dass ich beim Aufwachen erstaunt bin, auf meinem Boot mitten auf dem Ozean zu sein.

Heute Morgen habe ich nach einer hervorragenden Nacht eine wichtige Entscheidung getroffen: Ich werde angeln! Sie können mir glauben, dass dieser Augenblick eine symbolische Bedeutung hat. Denn trotz meiner zahlreichen Atlantiküberquerungen und der drei Weltumseglungen habe ich während eines Rennens noch keinen einzigen Fisch gefangen. Außerdem hatte ich bisher auf Fischfang verzichtet, um Nervenkrisen zu vermeiden und somit meine Menschenwürde zu wahren. Doch ohne sich um meine Aversion gegen das Schuppenvolk zu kümmern, haben mein Ausrüster Jacques Delorme (der auf seine Hochsee-Festessen stolz ist) und mein Freund Denis Charvoz (der in Cannes Fische züchtet) sich zusammengetan und mir perfektes Angelzeug geschenkt: Rolle, Schnur und Köder. Außerdem hatte ich die Ehre, Erklärungen von Monsieur Guido (einem Spezialisten für Hochseeangelei) zu lauschen. Nachdem ich nun im Kielwasser einige appetitliche Doraden entdeckt habe, beschließe ich an diesem Freitag (dem Fischtag), die Tasche mit dem Angelzeug hervorzuholen. Hoffnungsvoll lege ich alles an Deck aus und bereite die Angelrute vor. Ich warte, bis die Sonne hinter dem Horizont versinkt, rolle dann, wie es in der Anleitung steht, die 40 Meter lange Schnur hinter dem Heck ab, und bringe einen sehr auffälligen blauen Köder an, der Pfeiftöne erzeugt. Nachdem ich den Stopper an meiner prächtigen Rolle festgestellt habe, bleibt mir nur zu warten.

Währenddessen flaut der Wind ab. Ich segle auf Steuerbordbug und habe Mühe, nach Westen zu kommen. Ich habe Angst, auf einer schlechten Position zu sein, wenn ich in die Kalmen komme. Im Westen scheinen die Kalmen nach meinen jetzigen, nicht sehr guten Informationen sehr lang und breit zu sein. Danach würde ich mich mit meinem Boot im Moment zu weit östlich befinden. Glücklicherweise erlaubt mir am Abend eine leichte Windänderung, auf Backbordbug zu segeln, sodass ich einen Kurs nach Südwesten halten kann.

Auf der Karte sehe ich Dakar querab. Die Sonne versinkt glutrot im Ozean, der sich ebenso verfärbt. Vom afrikanischen Festland kommt ein Schwall warmer Luft herüber. Dieser Geruch lässt mich nicht gleichgültig, denn ich liebe Afrika, es ist ein großartiger Kontinent mit einer außergewöhnlichen Landschaft und anziehenden Menschen. Erinnerungen werden wach ... Dann breitet sich die Nacht auf dem Meer aus. Nur der Rumpf der UUNET unterbricht die inzwischen dunkle Wasseroberfläche. Eine feine Gischtspur, die recht schnell in der Dunkelheit verschwindet, zeichnet den Weg des Bootes durch das Meer.

Zum ersten Mal war ich 1982 in Dakar. Damals hatte ich am Whitbread Race teilgenommen, war aber nach einer Etappe in Afrika ausgestiegen, weil die VIVA NAPOLI kein gutes Boot für Regatten war. Ohne einen Pfennig in der Tasche hatte ich schnell eine Arbeit als Reitlehrer in einem herrlichen

Reitklub am Strand gefunden. Ich blieb ein Jahr lang und wohnte in einem großen Haus im Kolonialstil, 20 Meter vom Meer entfernt. Ich war 21 Jahre alt und genoss, losgelassen in diesem verzaubernden und brodelnden Afrika, voller Begeisterung und Leidenschaft das Leben. Jahre später, als ich mit Hubert Auriol mein erstes Paris–Dakar-Rennen fuhr, war ich glücklich, als ich die Hauptstadt von Senegal wieder sah. Zweimal habe ich die berühmte Paris–Dakar-Rallye gewonnen. Das erste Mal 1992. Zusammen mit Hubert Auriol hatte uns das Rennen nach Südafrika bis zum Kap geführt. Das zweite Mal fuhr ich 1999 mit Jean-Louis Schlesser. Während ich jetzt so vor der Küste Senegals segle, wird mir überraschend klar, dass wir auf den Tag genau vor einem Jahr mit unserem Buggy einen triumphalen Einzug auf der Place de l'Indépendance hatten. In diesem Jahr ist »Schless« auf dem besten Weg, zum zweiten Mal Paris–Dakar zu gewinnen. Dann stünden wir gleich. Es ist auch möglich, dass er drei Weltmeistertitel als Rennfahrer erreicht und ich drei als Einhand-Weltumsegler.

Fischers Fritz ...

Früh am nächsten Morgen, als ich noch im Vorsegel schlafe, schrecke ich auf, weil der Köder Laut gibt. Mit drei Sätzen bin ich achtern. Es ist etwas am Haken! Ich lasse die UUNET abfallen, ohne mein zukünftiges Mittagessen, das sich mit aller Kraft wehrt, aus den Augen zu lassen. Zehn Minuten kämpfe ich, um es an Bord zu holen. Mein erster Fisch! Ich bin ganz aufgeregt: Es ist eine prächtige Dorade. Ihre Farben von smaragdgrün bis dunkelblau blitzen bei dem Kampf auf. Aber genau in dem Moment, als ich sie über das Heck an Deck holen will, reißt die Schnur und das Miststück haut mitsamt dem Köder ab. Ich werde wütend: Nichts hat sich geändert, es ist, als machten sich die Fische über mich lustig. Weil ich es bei diesem Misserfolg nicht bewenden lassen will, stürze ich unter Deck, nehme einen neuen Köder und werfe die Angel wieder aus.

Mittags halse ich. Eine leichte Brise kommt aus unterschiedlichen Richtungen, trotzdem hält das Schiff immer noch einen Durchschnitt von etwa zehn Knoten, und so schaffe ich an diesem Tag etwa 240 Seemeilen. Gar nicht so schlecht, wenn man die gerade vorherrschenden Windbedingungen bedenkt.

Da der Passat noch nicht weht, bleibt der Himmel schmutzig gelb, die Sicht ist alles andere als gut. Die Oberfläche des sonst blauen Ozeans ist grau, und ich habe 13° nördlicher Breite überquert. Es ist allerdings noch immer nicht sehr

1 Das unerlässliche enge
  Zusammenspiel von Pferd
  und Reiter ist eine wichtige
  Grundlage für ein harmoni-
  sches Gefühl im Reitsport.

2 Skifahren in der Luft macht
  genauso viel Spaß wie im
  Schnee.

3 April 1987. Siegreiche
  Ankunft in Brest am Ende
  meiner ersten Einhand-
  Weltumseglung mit Strom
  und Wind.

4 Schon nach meiner ersten
  Einhand-Weltumseglung
  empfingen mich in Brest
  tausende von seefahrt-
  begeisterten Menschen.

3

4

5 Start zur Regatta Hong-
kong–London im Dezem-
ber 1990.

6 Ankunft nach der Ein-
handregatta New York–
San Francisco im Frühjahr
1989.

7 Stéphane Peterhansel auf
dem Motorrad (stehend
links), Hubert Auriol und
ich: Das Trio, das 1992
das Rennen Paris–Kap der
Guten Hoffnung gewann.

8 Januar 1999, Sieg in der
Rallye Paris–Dakar mit
Jean-Louis Schlesser.

5

6

Nikon
MICHELIN
Rothmans
MITSUBISHI
7

DAKAR
TOTAL
TOTAL
EUROMASTER
GAULOISES
Blondes
RENAULT
powered
elf
elf
BFGoodrich
BFGoodrich
8

9 Die UUNET bei leichtem
Wind unter vollen Segeln.

10 UUNET ist ein Open-60-
Monohull, slupgetakelt.

10

11

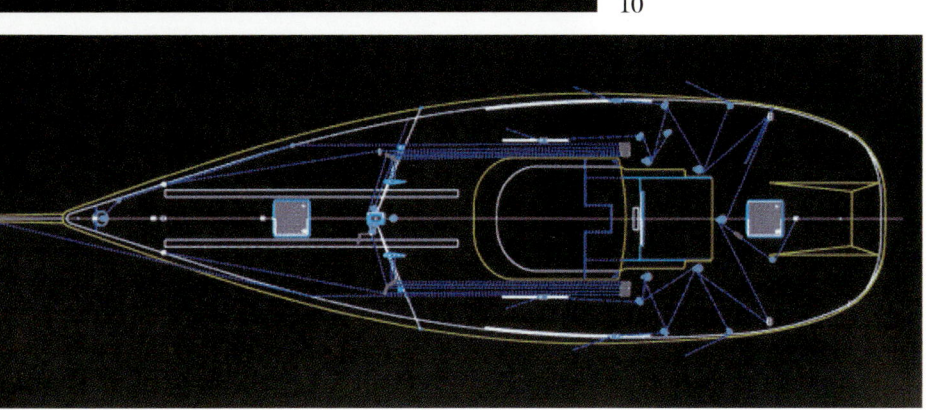

11 Konstrukteur: Philippe Briand. Konstrukteur des Umbaus zur UUNET 1998 (bis auf
den Rumpf): Marc Lombard. Werft: Mag France. Masten: Espace Composite. Segel:
Elvström-France. Rumpfmaterial: Kevlar/Kohlefaser. Länge: 18,28 m. Länge in der
Wasserlinie: 16,88 m. Breite: 5,54 m. Mast: Kohlefaser, 27 m. Tiefgang: 4,50 m. Verdrängung: 10,5 t. Kiel: kippbar um 30°, 3,9 t Gesamtballast, davon 3,2 t in der Kielbombe. Großsegel: 165 m². Genua: 94 m². Fock: 56 m². Spinnaker: asymmetrisch
280 m². Volvo-Diesel, 18 PS, zur Stromerzeugung.

12

13

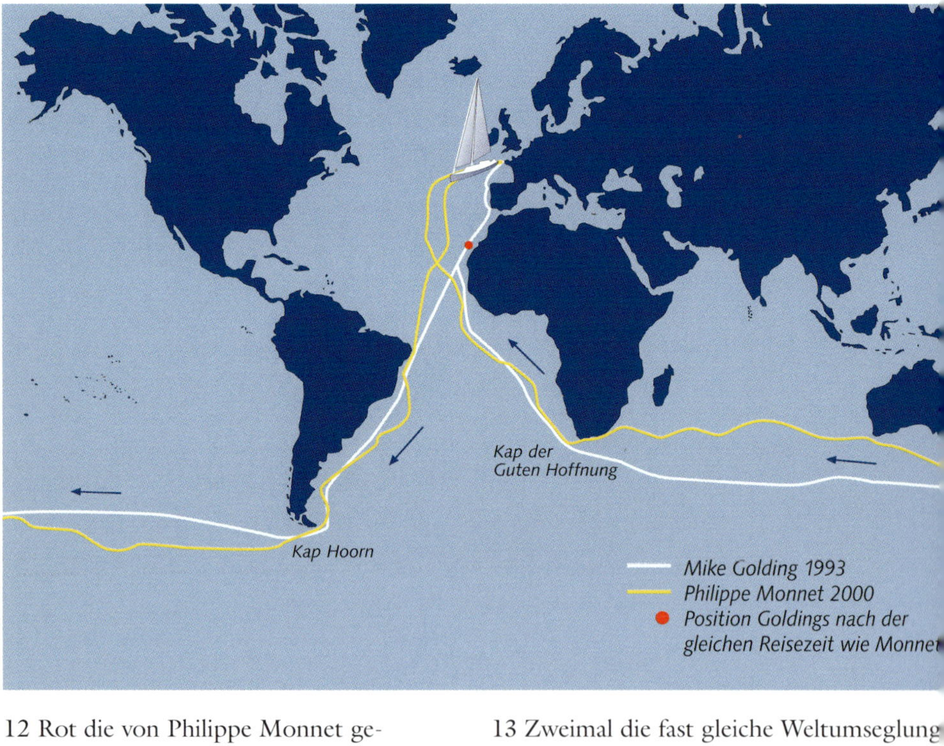

Kap der
Guten Hoffnung

Kap Hoorn

— Mike Golding 1993
— Philippe Monnet 2000
● Position Goldings nach der
   gleichen Reisezeit wie Monnet

12 Rot die von Philippe Monnet ge-
plante Route. Grün der Weg von
Mike Golding.

13 Zweimal die fast gleiche Weltumseglung

warm. Im asymmetrischen Spinnaker befindet sich ein kleiner Riss, den ich schnell repariere. Ich frage mich, wodurch das Loch wohl verursacht wurde – ob es an den Halterungen der Kamera lag, in der sich der Spi verfangen hat?

Plötzlich schrillt die Rolle wieder. Ich würde so gerne mittags Fisch essen, sodass ich mich an die Arbeit mache. Ganz vorsichtig hole ich die Angelschnur ein. Dieses Mal habe ich den Bootshaken griffbereit. Ich sehe die Dorade im Kielwasser: Nur noch zehn Meter und – die Schnur reißt! Ungläubig sehe ich, wie sich mein Mittagessen davonmacht. Ich habe das Gefühl, dass im Wasser unter meinem Boot ein dröhnendes Lachen ertönt. Ich löse entspannt die Flügelmuttern, mit denen die Rolle an der Reling befestigt ist. Vorsichtig bemächtige ich mich des Hightech-Gerätes und werfe es wütend über Bord. Falls es jemanden interessiert: Es ruht in 3750 Metern Tiefe bei 12° 52' Nord und 27° 14' West.

Unter Deck zünde ich die Gasflamme des Kochers an und verzehre zehn Minuten später ein wirklich köstliches Haschee aus pulverisiertem Trockenfisch.

In den Kalmen

Sonntag, 23. Januar im Morgengrauen. Es ist mein 14. Tag auf See. Zunächst bemerke ich die atmosphärische Veränderung gar nicht. Dann wird der Himmel schwerer. Die UUNET läuft weiterhin neun bis zehn Knoten. Die Luft scheint langsam dicker und dichter zu werden: Gegen Abend versperrt im Süden eine endlose Wolkenwand den Horizont. Deshalb telefoniere ich mit meinem Meteorologen Pierre Lasnier, der mir in einem langen Gespräch bestätigt, dass die Kalmen im Westen zwar weniger ausgeprägt, aber dennoch sehr ausgedehnt sind. Es wird also nicht einfach sein, hindurchzukommen. Ich bin auf 29° West und werde wohl ein bisschen mehr nach Steuerbord halten und danach eine Entscheidung treffen müssen. Die ganze Nacht spüre ich aufmerksam jeder noch so geringen Abnahme des Windes nach.

Lautlos gleitet die UUNET durch die schwarze Nacht, als wolle sie die drückende Stille nicht stören. Sterne verschwinden im Nebel.

Am Morgen des 24. Januars ist der Himmel bleiern und schwer, tief liegende Wolken decken alles zu. Streng bewachen sie diese Meerenge, in der sich der afrikanische und der südamerikanische Kontinent am nächsten kommen, wo die großen Handels-Dreimaster früherer Zeiten wegen endloser Zonen der Windstille in Klagen ausbrachen, wo sich die Pioniere der Luftpost mit Gewittern herumschlagen mussten, da die warme aufsteigende Luft in dieser Intertropi-

schen Konvergenzzone zu lokal ausgeprägten Gewitterwol-
ken heranquillt, und wo Jean Mermoz deshalb mit seinem
Wasserflugzeug »Croix du Sud« am 7. Dezember 1936 im
Meer verschwand. Diese Kalmen sind und bleiben eine
schwierige Passage, in der Blitze und heftige Böen plötzlich
die bedrückende Windstille ablösen und ein Schiff in wengen
Sekunden entmasten können. In dieser Zone werde ich
die Hemisphäre wechseln und in südliche Breiten vordrin-
gen. Damit lasse ich die vertrauten nördlichen Gefilde hinter
mir.

Kurz vor Mittag werden die Wolken noch dichter, es ist
ziemlich dunkel, und feuchte Wärme hüllt uns ein, während
der Wind nachlässt. Um ein bisschen Wind zu erwischen
segle ich auf Backbordbug und halte am Kompass 240°.
Während sich das Schiff noch auf 8° nördlicher Breite befindet, bewegt sich das Zentrum der Kalmen auf 2–3° Nord. Ich
habe Angst, ich könnte hier mehrere Tage festkleben. Die meteorologischen Informationen von Lasnier sind nicht sehr er-
mutigend, deshalb gehe ich die Passage vorsichtig an: Ich
fahre einen Zick-Zack-Kurs. Erst steuere ich direkt nach Süden, und sobald der Wind nachlässt, halse ich nach Südwest.
Ich werde solange vor dem Wind »kreuzen«, bis ich durch die
Kalmen durchgesegelt bin. Gegen Abend befinde ich mich
bereits auf 31° West und 5° Nord. Fahl und farblos verbirgt
sich die Sonne hinter einer dichten Wolkendecke. Die UUNET
fährt bald hinein – in eine dunkle Schneise, die im Osten und
Westen von Böen eingefasst wird. Dann werden wir von der
Nacht verschluckt. Der dunkle Himmel erinnert mich an die
Hölle, wie ich sie mir als Kind vorgestellt habe. Die Atmos-
phäre wirkt so bedrohlich, dass ich das Gefühl habe, jeden

Moment könne ein Teufel mit gespaltenem Schwanz auftauchen.

Es weht ein beständiger Nordost. Die Luft ist gesättigt mit Feuchtigkeit, und in dieser verdammten Dunkelheit ist es unmöglich, die Wolken zu erkennen. Ich muss wachsam bleiben. Um Lattensalat im Großsegel zu vermeiden, nehme ich vorsichtshalber ein Reff hinein. Plötzlich sehe ich einen Blitz an Backbord, er färbt den Himmel glutrot. Ich rolle den Gennaker ein, setze die Fock. Der Wind nimmt zu. Schnell ein zweites Reff ins Groß! Zuerst kommen nur einige große Regentropfen, aber dann schlagen die Elemente über uns zusammen. Wütend fällt der Wind in die Segel. Dieser plötzliche Ausbruch von Sturm und Regen wirft uns dem Teufel persönlich in die Klauen. Ich bin nach dem Reffen mit einem Sprung am Ruder, um einen besseren Kurs zu halten und die UUNET zu entlasten. Die Gewalt dieses sintflutartigen Regens ist beeindruckend. Die Regenmassen glätten die See. Pfeifend zerschneidet der Rumpf das Wasser. Ich bin völlig blind, ich kann nicht einmal mehr das Vorschiff erkennen. Nur zwei riesige Gischtfontänen vor dem Bug zeigen mir meine Richtung an. Mit 16 bis 22 Knoten rast das Boot durch die Dunkelheit. Die Wasseroberfläche ist nun völlig glatt, die Bewegungen der UUNET sind geschmeidig.

Normalerweise dauern solche Schauer nicht lange, etwa fünf bis 20 Minuten. Nach einer Stunde stehe ich jedoch immer noch im unaufhörlich herniederprasselnden Regen am Ruder. Erst im Morgengrauen wird es ruhiger: So plötzlich wie der Regen gekommen war, hört er auf, und augenblicklich herrscht Windstille. Die dunkle Wolkenmasse liegt jetzt hinter mir über dem Atlantik. Es ist, als erwachte ich aus einem schlechten Traum. Ich habe das Gefühl, als verließe ich einen dichten, schattigen Wald und träte hinaus auf eine stille, sonnige Ebene. Eine leichte Brise, die sanft von Osten weht, folgt auf den nächtlichen Tumult und ermöglicht mir, wieder Großsegel und Gennaker zu setzen. Die Kalmen liegen hinter mir, und ich bin sehr zufrieden, dass sich meine Taktik bezahlt gemacht hat. Nach meinen Informationen füllte diese Wetterzone wirklich den Atlantik in seiner ganzen Breite zwischen Sierra Leone und der brasilianischen Stadt Natal aus. Durch den Zick-Zack-Kurs habe ich die richtige Tür gefunden, sodass die UNNET und ich nicht mehrere Tage an derselben Stelle festkleben mussten. Jetzt muß ich mich in den Passat einklinken, der das Boot hoch am Wind bis südlich von Rio führen wird – bei leichten, stetig aus Südsüdost wehenden Winden von zehn bis 15 Knoten. Dann werde ich mich schnell gen Osten wenden. Der Passat wird mich zunächst einmal den Äquator überqueren lassen, der nur noch 150 Seemeilen vor mir liegt.

Äquatorüberquerung

Am Mittwoch, dem 26. Januar, um 11 Uhr 54 Minuten und zwei Sekunden überquere ich den Äquator auf 32° 03' West. Der Himmel ist an diesem Morgen wolkenlos, die Luft jedoch gesättigt mit Feuchtigkeit, die für das Gebiet am Äquator typisch ist. Der Wind weht ein bisschen flau aus Südsüdost. Die UUNET läuft Vollzeug am Wind und macht neun Knoten. Wieder heftige Regenschauer. Sie bringen mir für kurze Zeit eine angenehme Erfrischung.

Nach 16 Tagen und 22 Stunden Fahrt erreiche ich also die andere Hälfte der Erdkugel und lande mitten im Sommer. Es ist immer wieder ungewöhnlich, auf 50 Metern in eine andere Jahreszeit einzutauchen! Wer im tiefen Winter in Europa aufbricht, sehnt sich meist danach, von unserer nördlichen Halbkugel aus in den Süden zu segeln, um näher an die Tropen zu kommen, wo die Tage so viel angenehmer sind. Doch nach der Überquerung der »Linie« bringt mich jeder Tag einer unbekannten Welt unerbittlich näher. Diese Welt steckt voller Fragen und zweifelsohne auch voller Abenteuer. Ein wildes, strenges, brutales und ungastliches Land beginnt am Ende der Welt, ganz unten auf der Karte, weit weg, im wahren Süden von Kap Hoorn. Während ich jetzt noch in angenehmen Gefilden segle, bringt mich von nun an jeder überwundene Breitengrad näher an das Schlimmste, was Menschen auf See erleben können. Im Gegensatz zu meiner ersten Weltumseglung 1987, als ich das Abenteuer suchte und neugierig auf Entdeckungen war, weiß ich dieses Mal, wohin ich meinen Fuß setzen werde. Mir ist völlig klar, was ich durchstehen muss, bevor ich wieder durch die Tür gehen kann, die sich vor kurzem hinter mir geschlossen hat. Aber zum Teufel mit der Zukunft! Solche Seefahrten kann man nur von einem Tag zum anderen erleben. Und vorläufig liegen die schönsten Tage der Fahrt vor mir: Bald werde ich an der Küste Brasiliens entlangfahren und die laue Luft der Tropen genießen.

Ich habe mich seit meiner Abfahrt vor 17 Tagen nicht um meinen Stand des Rennens gekümmert, aber nach der Überquerung des Äquators kann ich eine erste Bilanz der bisherigen Reise ziehen: Ich habe mehr als fünf Tage Vorsprung vor Mike Golding und fast einen Tag vor Jean-Luc Van den Heede. Das ist perfekt.

Mit meiner Arbeit kann ich zufrieden sein; die Wetterbedingungen waren seit Brest zwar nicht optimal, meine Geschwindigkeit zeigt jedoch, dass ich Wind und See bestens genutzt habe. Zufrieden bin ich auch mit den zahlreichen Veränderungen, die ich und mein Team vor der Abfahrt an der Uunet vorgenommen haben. Dadurch haben wir ihre Leistungsfähigkeit sehr gesteigert. Ich merke jeden Tag, dass die Verbesserungen (die vor mehr als einem Jahr für die Route du Rhum durchgeführt worden sind) das Manövrieren entscheidend vereinfachen.

Über all diese guten Nachrichten bricht die Nacht herein. Der Ozean, der ruhiger ist als unter den Passatwinden der nördlichen Hemisphäre, gibt mir das Gefühl, auf einem Binnensee zu sein. Die Uunet läuft zehn Knoten. Das Wasser streicht kaum vernehmlich an der Bordwand entlang. Ein tie-

fes Wohlgefühl bemächtigt sich meiner, ich lege mich ins
Vorsegel und blicke auf zu den Sternen des Südens, bevor
ein heilsamer Schlaf mich umfängt und in tiefe Träume versenkt.

2. Südlicher Atlantik

Auf der Suche nach der UUNET

Cannes 1997. Das Telefon klingelt. Am Apparat ist mein Freund, der Journalist Didier Piron.
»Hallo, Philippe! De Broc ist gekentert, er hat den Kiel verloren. Das Boot schwimmt noch in der Biskaya, nicht weit vom Ziel. Er wurde gerettet und fährt nun zurück, um seinen Rumpf zu suchen.«

Nachdenklich hänge ich auf. Dieses Vendée Globe hat die Segler schon reichlich Tribut zahlen lassen: Mein Freund Gerry Roufs ist im Südpazifik verschwunden, Thierry Dubois, Raphaël Dinelli und Tony Bullimore wurden auf wunderbare Weise gerettet. Gott sei Dank geht es Bertrand gut. Er hat ganz kurz vor dem Ziel nur den Kiel verloren. Glück oder Unglück? Wer kann das wissen? Der Kiel hätte gut noch zwei Tage länger halten und ihn wohlbehalten zurückkehren lassen können. Allerdings hätte er sich genauso gut in der Antarktis verdünnisieren können, und dann wäre Bertrand vielleicht jetzt dabei, mit Gerry in dem Teil des Paradieses zu plaudern, der den verschwundenen Seeleuten vorbehalten ist. Aber Bertrand ist zum Glück mit dem Leben davon gekommen und will jetzt, wie jeder gute Seemann, sein Eigentum retten, das einsam und verkehrt herum mitten im Golf von Biskaya schwimmt.

Mir kommt ein Gedanke. Sofort greife ich zum Telefonhörer. »Hallo Bertrand, hier ist Monnet. Verkaufst du deinen Rumpf?« »Ich will ihn zuerst einmal suchen. Wir haben die

Argos-Position. Wenn ich zurück bin, können wir darüber reden.«

Mit diesen beiden Sätzen fängt für mich ein neuer Lebensabschnitt an. Das Wrack, das da auf dem Ozean treibt, war ursprünglich die FLEURY MICHON, mit der Philippe Poupon 1989 bei der ersten Vendée Globe an den Start gegangen ist. Gebaut bei Jeanneau unter der fachlichen Kontrolle von Jean-François de Prémorel hatte dieses Schiff die modernste Technik erhalten. Originell war, dass es Mast und Spieren aus Kohlefaser und einen Rumpf aus Kevlar besaß. Dadurch war es extrem leicht und vibrierte vor dem Wind wesentlich weniger als die gänzlich aus Carbonfaser gebauten Boote, da Kevlar Schwingungen absorbiert. Seine Beständigkeit machte das Boot zu einer seetüchtigen Rennyacht. Bei jeder Geschwindigkeit reagierte es gut aufs Ruder und stampfte nicht zu sehr auf Amwindkursen. Nach drei Vendée Globes gab es keine Spur von Delaminierung oder gebrochenen Spanten und nicht das geringste Problem mit dem Rumpf (während einige Boote dieses Typs keinen Ärger haben, häufen sich die Probleme bei anderen). Poupons Probleme konnte man meines Erachtens so erklären: Zunächst war das Boot als Slup getakelt worden mit einem Mast, einem Großsegel und vorne mit einer Fock. Man hatte es mit einem großen Baum und klassischem Hakenbeschlag am Mast ausgestattet. Wenn es schlingerte, berührte das äußerste Ende des Baumes die Wasseroberfläche, was schon bei den ersten Versuchen recht eindrucksvolle Ausreißer nach Luv hervorgerufen hatte. Um das zu ändern, hatte Philippe Poupon den Baum gekürzt und achtern einen Besanmast dazugesetzt. Auf diese Weise konnte er die verlorene Segelfläche ausgleichen. Er beschwerte den Kiel allerdings nicht zusätzlich mit Blei, mit dem Ergebnis, dass sich bei der ersten Vendée Globe das Boot auf offener See vor dem Kap der Guten Hoffnung bis zur Kenterung aufs Wasser legte. Bis dahin kam er mit seinem Schiff. Loïc Peyron, der mit ihm um den zweiten Platz hinter Titouan Lamazou kämpfte, änderte den Kurs und half Philippe, das Boot wieder aufzurichten. Poupon gab auf und wechselte drei Jahre später für die zweite Vendée Globe den Kiel aus. In diesem Rennen verlor er den Mast – vier Tage vor seiner Ankunft, auf dem zweiten Platz liegend. Der Mast war abgeknickt, weil der höher gesetzte Eisenbeschlag des Baums unterhalb der inneren Versteifung des Mastes verlief.

Dank seines Besanmastes landete Poupon dann doch noch auf dem dritten Platz. Bei seiner Ankunft erklärte er, der neue, sehr viel schwerere Kiel wölbe den Bootsboden so stark und dieser müsse daher verstärkt werden. Dann hörte er aber auf, mit der FLEURY MICHON zu segeln. Von Stund an interessierte mich das Boot.

Während Poupons Besuch in La Rochelle sah ich mir den kiellosen Rumpf näher an. Er lag auf einer Wiese am Hafen und wirkte traurig und verlassen. Ich betrachtete aufmerksam und gründlich das Unterwasserschiff und den Decksplan. In Gedanken rüstete ich dieses Schiff schon für meine zukünftige Herausforderung aus. Ich musste das Boot haben, dieses und kein anderes, da war ich mir völlig sicher! Mein Freund Mangin, der mich zu dieser Besichtigung begleitete, war einerseits ziemlich erstaunt über meine Begeisterung, obwohl er auch miterlebte, wie ich die verkommene JACQUES RIBOUREL zur KRITER umgebaut hatte und die FLEURY MICHON

VI zur ELLE ET VIRE. Andererseits erstaunte ihn bei mir auch irgendwie nichts mehr.

Das Ganze hatte einen Haken: Dieser Rumpf ohne Kiel sollte 1,5 Millionen Francs kosten, Festpreis. Mein treuer Freund Jean-Pierre Jarier bot mir an, eine Bürgschaft für eine Million Francs zu geben, und ein anderer Freund bürgte für 200 000 Francs. Mit dieser Summe im Rücken eilte ich nach Paris zu Jean-Yves Gonnor, dem Generaldirektor von Fleury Michon und bot ihm 1,2 Millionen Francs. Leider reichte das nicht aus, und Bertrand de Broc, der mehr Geld hatte als ich, schnappte mir das Boot vor der Nase weg. Adieu, Traum von der Weltumseglung gegen den Wind! Da mir kein anderes Boot zusagte und alle verfügbaren Sonderangebote mehr oder weniger schlecht waren, kehrte ich, wenn auch ein bisschen verbittert und enttäuscht, als Navigator von Jean-Louis Schlesser zu meinen Afrika-Rallyes zurück.

Bertrand de Broc startete 1996 mit dieser alten FLEURY MICHON, die er VOTRE NOM AUTOUR DU MONDE getauft hatte, zur Vendée Globe. Nach der ersten Hälfte lag er auf dem dritten Platz. Vor Kap Hoorn, als er hinter Christophe Auguin auf der zweiten Position lag, musste er wegen eines Problems mit dem Kiel stoppen. Der Schaden wurde im Wasser in Ushuaia repariert. Er segelte außerhalb der Wertung weiter. Einige Wochen später, als er seine Weltumseglung gerade beenden wollte, versank der berühmte Kiel, um auf dem Grund des Golfs von Biskaya mit den Krebsen zu diskutieren. Nachdem ich Bertrand mein Interesse an seinem Wrack mitgeteilt hatte, wartete ich ungeduldig auf eine Nachricht. Diese kam etwas später, aber inhaltlich nicht so, wie ich gehofft hatte. De Broc hatte inzwischen sein treibendes Boot im Golf von Biskaya wiedergefunden, war getaucht, hatte die Wanten zerschnitten und das Boot vom Mast befreit. Dann hatte er den Rumpf gedreht, gelenzt und ihn auf den Haken genommen. In der Nacht war bei schlechtem Wetter jedoch die Schlepptrosse gebrochen, sodass das Wrack am nächsten Tag im Sturm sank. Da man die Argos-Tonne gefunden hatte, war bekannt, dass das Boot irgendwo innerhalb der Fahrtroute der großen Frachter herumtrieb, ohne dass man es jedoch genau lokalisieren konnte. Vielleicht hatte der mörderische Steven eines Tankers oder Containerschiffes es schon zerstört; auf jeden Fall waren die Chancen, den treibenden Rumpf wiederzufinden minimal. Und meine Hoffnung, den Rekord der Weltumseglung zu brechen, war wieder dahin.

Die Geschichte hätte hier zu Ende sein können, aber drei Wochen später rief mich Didier Piron wieder an. »Hallo, Philippe, ich habe eine unglaubliche Nachricht. Die Marine hat beim Überfliegen eines in Seenot geratenen Fischkutters in der Biskaya ein treibendes, gelbes Wrack 60 Seemeilen vom Odet entfernt gesichtet, ganz in der Nähe von de Brocs Wohnort«.

Unglaublich! Der Rumpf war ganz von selbst heil und unversehrt nach Hause zurückgekehrt! Er hatte keinen Kiel und keinen Mast mehr, das Innere war zerschlagen, aber der Rumpf als solcher hatte wohl kaum gelitten. Da ich wusste, dass ein oder zwei Segler ebenfalls interessiert waren, besorgte ich mir das nötige Geld, ohne mir die Zeit zu nehmen, den Zustand des Rumpfes zu überprüfen. Ich bot Bertrand de Broc 500 000 Francs, und der Kauf war in fünf Minuten abge-

schlossen. Ich hatte das Wrack jedoch immer noch nicht gesehen, aber mein Instinkt leitete mich. Nach sieben Jahren
voller Träume und Geduld konnte jetzt, im April 1997, mein
Plan endlich Wirklichkeit werden. Ich besaß ein Boot! Verlassen am Ufer des Flusses Odet lag es vorläufig in einem jämmerlichen Zustand. Ich wusste, dass es mich eines Tages gegen Strom und Wind auf eine Tour um die Welt führen würde.

Brasilianische Nächte

Ich schrecke aus dem Schlaf auf. Mir ist, als hätte ich tagelang in einem übernatürlichen Koma gelegen. Meine Augen fühlen sich geschwollen an, weil ich zu viel geschlafen habe. Da der Spiegel am Abend vor dem Auslaufen aus Brest irrtümlicherweise von Bord gebracht wurde, bleibt mir ein Anblick meines Gesichts und möglicherweise ein Schreck erspart. Andererseits ist es schon unpraktisch, wenn man sich beim Rasieren nicht sehen kann. Genauso gut könnte man seinen Kopf einem blinden Barbier anvertrauen. So improvisiere ich: Eine CD dient mir ab und zu als Spiegel. Ein Eimer voll mit 27 °C warmem Meerwasser bringt mich für den Tag jedenfalls wieder in Form.

Donnerstag, 27. Januar, morgens. Der Passat ist gleichmäßig, und östliche Winde wehen mit zwölf bis 15 Knoten. Ich segle mitten im Ozean an steinigen Eilanden vorbei, die 40 Meter aus dem Wasser ragen. Ich erkenne das Fernando de Noronha-Archipel, das 300 Seemeilen nordöstlich vor der brasilianischen Küste liegt. Damit kommt der südamerikanische Kontinent näher, Recife ist nur wenige Stunden entfernt. Von dort aus geht es dann direkt nach Süden, Richtung Kap Hoorn. Das ist wie eine Autobahn, auf der ich dann hoffentlich herrliches Wetter haben werde, denn im Augenblick ist der Himmel ständig bedeckt, und sanfte Regenschauer begleiten mich. Steuerbord querab liegt das Atol das Rocas. Mit seinen sonnendurchglühten Felsen bietet es Seevögeln eine Zuflucht.

Seit dem Frühstück begleitet mich ein großer brauner Vogel. Er fliegt ganz niedrig und nahe am Bug. Er hat einen eindrucksvollen Schnabel und eine imposante Spannweite, sein Flug ist anmutig. Ich weiß nicht recht, was er vorhat. Er fliegt über den Wellenkämmen und stürzt sich plötzlich dicht über der Wasseroberfläche in ein Wellental. Nachdem ich ihn aus dem Augenwinkel beobachtet habe, begreife ich schließlich seine Strategie: Er wartet darauf, dass mein Boot fliegende Fische aufschreckt, die er dann in ihrem Flug zu greifen sucht. Schlaues Tier! Aber das Spiel ist alles andere als leicht, und erst nach vielen Fehlversuchen holt er sich sein Mittagessen aus dem Wasser: Die Flügel des unglücklichen Fisches überragen auf beiden Seiten seinen Schnabel, und es sieht so aus, als habe er einen Schnurrbart. Fast beneide ich ihn darum, dass er etwas anderes als Trockennahrung zu sich nehmen kann und ich bedaure schon, meine Angelausrüstung ins Wasser geworfen zu haben.

Nachmittags segle ich an der brasilianischen Küste entlang. Sie ist für mich ein Synonym für Sonne und Freude. Wir sind auf der Höhe der Stadt Natal, der nordöstlichen Spitze von Brasilien, wo schon vor knapp 100 Jahren die Piloten der Luftpostflugzeuge Halt machten, wenn sie den Ozean und die gewitterträchtige Wetterzone hinter sich hatten, bevor sie dann nach Südwesten in Richtung Santiago de Chile weiterflogen. Ich bin mit der UUNET auf derselben Route gesegelt und habe die Gewitterzone mit heftigen Regenfällen durchfahren. Ich bewundere die Hartnäckigkeit dieser Piloten, die unter Lebensgefahr an Bord der damaligen Mühlen die Post aus Saint-Louis in Senegal herüberbrachten. Gerne wäre ich einer von ihnen gewesen.

Jetzt kann ich die Küste in 15 Seemeilen Entfernung erkennen. Der Lichtschein der Küstenstädte (wovon Recife die wichtigste Küstenstadt ist) erhellt in der Ferne die Äquatorialnacht. Meine Gedanken fliegen davon: Ich stelle mir das pulsierende Leben an Land vor, das so nahe liegt. Wie oft bin ich an der brasilianischen Küste entlanggesegelt, ohne je anzuhalten. Nach 20 Tagen auf See – was für einen normalen Sterblichen lang ist, aber wenig für einen Weltumsegler – ist die Versuchung einen Zwischenstopp einzulegen trotzdem groß! Den Leuten, die mich immer wieder fragen, wie es möglich ist, während der langen Zeit auf See ohne die gewohnten Annehmlichkeiten zu leben, antworte ich immer, dass Begehrlichkeiten vor allem beim Hinschauen entstehen. Wenn man das, was die Begierde wecken könnte, nicht mehr sieht (was ja für den einsamen Segler auf offenem Meer zutrifft), werden Geist und Instinkt nicht angesprochen. Aber als ich jetzt diese anziehenden Lichter erblicke, im Moment, wo in diesen Breiten das nächtliche Leben beginnt – mit allem, was begehrenswert sein kann –, da kommt mir das Leben an Bord plötzlich sehr fad vor. Samba und Brasilianerinnen, so nah … Da braucht man schon einen eisernen Willen.

Lichterkette auf dem Meer

Am Morgen weichen die unruhigen Träume der Nacht der ruhigeren Wirklichkeit des Alltags an Bord. Die See ist blau, der Wind kommt mit 13 Knoten aus Ost, die UUNET macht elf Knoten. Nur die Bugwelle, in der immer wieder fliegende Fische mit erschrockenen Augen aufschrecken, stört die Stille des Ozeans. Die drückende Hitze mit 36 °C im Schatten zwingt mich, alle halbe Stunde zu duschen. Am Kartentisch dreht sich der Ventilator ohne Pause. Das Deck glüht, und zum Schutz der Fußsohlen sind Sandalen unbedingt nötig. Trotz der leichten Brise zieht mich der Gennaker mit guter Geschwindigkeit vorwärts. Das ist wirklich ein ideales, vielseitiges Segel. Es ist weniger anfällig für drehende Winde als der Spinnaker und deshalb auch gut mit einer Selbststeueranlage zu segeln. Es ist zudem leicht zu setzen und zu bergen, vor allem, wenn ein hinterhältiger Schauer genau in dem Moment auftaucht, wo ich (was leider zu selten passiert) in Morpheus' Armen liege. Man könnte sagen, dass der Gennaker die ideale Frau des Einhandseglers ist: zuverlässig, leicht zu handhaben und widerstandsfähig.

Gegen Abend diesen stickig heißen Tages begegne ich einigen Frachtern, die zur nördlichen Hemisphäre streben. Dann versinkt die Sonne im glutroten Wasser, und die Nacht bricht an. Als ich mich gerade hinlegen will, sehe ich an Backbord einige tanzende Lichter. Es sind Fischer, die hier bei geringer Wassertiefe auf Fischfang gehen. Der Grund für die geringe Tiefe ist eine Kontinentalplatte, die sich etwa 20 See-

51

meilen weit ins Meer hinausschiebt. Ich hatte nachmittags auch schon einige Reusen gesehen. Bald zeichnet sich vor mir ein zweites Licht ab, dann ein drittes und ein viertes. Im Verlauf einer Viertelstunde erstreckt sich zu meiner Linken eine Kette von hunderten von Scheinwerfern. In ununterbrochener Reihe haben sich die Fischer genau am äußersten Rand der Kontinentalplatte aufgereiht. Das ist unglaublich! Es sieht aus, als sei man am Ende eines Wochenendes auf der Autobahn an der Ausfahrt von Paris und sähe in der Gegenrichtung die Scheinwerfer der vielen tausend Fahrzeuge, die in die Hauptstadt zurückkehren. Da bin ich nun – eingeklemmt zwischen der Küste und diesem leuchtenden Band, das sich bis ins Unendliche ausdehnt und in der leichten Atlantikdünung wellenförmig auf und nieder schwebt. Natürlich denke ich jetzt nicht mehr daran, mich schlafen zu legen.

Ich hole die Segel dicht, bevor ich anluve, um diese leuchtende Linie zu überqueren und das offene Meer zu erreichen. Ich komme ganz nah an einigen Fischern vorbei, die auf mächtigen offenen Barken arbeiten. Sie sind erstaunt, als sie die UUNET mit weißem Rumpf unter Segeln wie ein Monstrum aus dem Nichts auftauchen sehen, sodass sie das Schiff einen Augenblick lang mit ihren starken Scheinwerfern beleuchten, bevor es dann aus ihrem Sichtfeld in der Dunkelheit verschwindet.

Wechselbäder

In den folgenden Tagen bin ich ziemlich faul. Endlich kann ich einige Seiten des Reiseberichts von Magellan lesen. Ich höre klassische Musik, räume auf und mache sauber. Die Freude am Segeln ist zurückgekommen. Die UUNET liegt ohne jedes Stampfen ruhig auf dem Wasser. Ich sammle Kraft, bevor ich mich dem Süden stelle. Ich genehmige mir sogar vierstündige Schlafpausen. Heute nämlich ist der 31. Januar, mein Geburtstag. Ich hasse Geburtstage! Ich versuche meine Bedürfnisse und Fähigkeiten zu leben und fühle mich sehr wohl in meinem 41. Lebensjahr.

Ein Aufstieg in den Mast zeigt mir keine Anomalie an der UUNET. Ich nutze diese schon mehrmals aufgeschobene Aktion, um das Großsegel zu bergen und die Latten in die Lattentaschen einzubinden. Der erste Teil des Manövers ist einfach, wogegen 15 Minuten harte Arbeit nötig sind, um das Großsegel wieder zu setzen. Danach gestatte ich mir eine schöne Dusche und im Schutz des Gennakers ein Schläfchen im Vorsegel. Ich sage mir, dass dieses angenehme Leben noch etwa zehn Tage dauern wird, bis ich auf der Höhe von Montevideo bin, wo die Roaring Forties, die »Brüllenden Vierziger«, beginnen.

Es wäre ideal, wenn ich hier dieselben Bedingungen vorfände wie vor zehn Jahren mit der ELLE ET VIRE bei meiner Rekordfahrt New York – San Francisco. In jenem Jahr war es bis zum Kap Hoorn das pure Vergnügen. Der Start in New

York vollzog sich allerdings unter schauderhaften Umständen bei minus 17 °C und zehn Zentimeter Schnee an Deck. Aber dann bin ich nach Westen gekreuzt und mit stabilem Passatwind ohne die geringsten Schwierigkeiten den Nordatlantik hinabgefahren. Ich bin durch die Kalmen gesegelt, ohne sie zu bemerken und hatte auf der Südhalbkugel einen stetigen Passat erwischt, der mich bis zu den Brüllenden Vierzigern vor Montevideo geführt hatte, worauf ich mit ELLE ET VIRE mit gleichmäßigem Nordwestwind geraden Weges bis Kap Hoorn gekommen bin. Traumhaft! Damals hatten die Schwierigkeiten erst hinter Kap Hoorn angefangen. Heute habe ich bei der Lektüre der neuesten Wetterkarten jedoch das ungute Gefühl, dass ich nicht dieselben Umstände antreffen werde. Die Bedingungen sind schlecht, und mein Ritt wird anders verlaufen als damals, besonders auf der Höhe der Bucht von Rio de Janeiro. Die Fahrt zum Kap Hoorn wird nach meinen jetzigen Informationen nach alles andere als einfach werden.

Das Meer ist am Morgen dieses 2. Februars schon sehr aufgewühlt. Der Himmel ist bedeckt, und es regnet. Ich nehme ein, dann zwei Reffs in das Groß, die ich nachmittags wieder herausnehme und auch den asymmetrischen Spinnaker wieder setze, weil dieser mich in dem Durcheinander besser aus dem Schlamassel herausbringen kann als der Gennaker.

Dann werden wir wieder einmal von allen Seiten durchgeschüttelt. Wenn meine Positionsanzeige nicht angäbe, dass ich mich vor Rio befinde, hätte ich eher das Gefühl, in der Normandie vor Manche zu segeln.

Die Nacht zum 3. Februar beginnt mit Regenböen und heftigen Blitzen. Der Wind flaut ab und wechselt dauernd die Richtung. Blitze durchzucken den Himmel. Mit wilder Kraft ergießt sich der Regen auf die UUNET. Ich fühle mich wie eine Kugel in einem riesigen Flipper, werde in alle Richtungen geworfen und kann mich kaum noch aufrecht halten. Es kracht und blitzt überall. Ich verbringe die Nacht damit, Segel zu schiften. Abgekämpft empfängt mich am nächsten Morgen schließlich eine farblose Dämmerung. Der Wind ist eingeschlafen, doch das Wasser ist unglaublich aufgewühlt – von allen Seiten schlagen die Wogen über mir zusammen, jedoch kein Wind weit und breit, mit dessen Hilfe ich das Boot in einer einigermaßen stabilen Lage halten könnte. Ich berge alle Segel. In diesem Durcheinander hüpft die UUNET wie eine junge Ziege, schlägt und stampft. Um mehr Ruhe in die Bewegungen des Bootes zu bringen, muss ich die Ballasttanks auf beiden Seiten füllen. Mit vier Tonnen zusätzlichem Gewicht wird sie endlich ruhiger. Ich möchte mich jetzt ein bisschen erholen, das ist aber nicht ganz einfach.

Am nächsten Morgen: die gleiche trostlose Lage. Das Meer gleicht einer Rumpelkammer, in der sich der Himmel widerspiegelt. Ich manövriere den ganzen Tag, um nach Süden freizukommen. Alles vergebens. In der folgenden Nacht wende ich vierundzwanzig Mal. Das ist die Hölle! Der Wind weht nie mehr als zehn Minuten aus derselben Richtung, dabei nieselt es vor sich hin. Ich komme nur unter großen Schwierigkeiten vorwärts. Sie ist wirklich kein Vergnügen, diese Fahrt an der brasilianischen Küste entlang. Dabei wollte ich die Strecke mit den warmen Passatwinden (die mich bis nach Montevideo tragen sollten) genießen.

Am 5. Februar nachmittags stabilisiert sich endlich ein gleichmäßiger Ostwind mit 20 Knoten. Die UUNET segelt mit einer Spitzengeschwindigkeit von 15 Knoten. Die Stürme der Nacht haben viele große Schmetterlinge an Bord gebracht. Nach und nach wird das Meer ruhiger, und am Bug stiebt ein gleichmäßiger Gischtsaum auf. Doch die Vorhersage für die nächsten Stunden ist nicht gut. Der südamerikanische Kontinent schickt schwächliche Überbleibsel der Hoch- und Tiefdruckgebiete aufs Meer, wo sie sich auflösen. Das bedeutet, dass sich kein ausgeprägtes Druckgefälle aufbauen kann. Und das heißt: Flaute in Sicht.

Sonntagmorgen, der 6. Februar. Die gute Nachricht ist, dass ich immer noch keinen Scharlach habe. Die schlechte Nachricht ist, dass nicht der geringste Windhauch zu spüren ist. Vergeblich studiere ich die Karten, befrage meine Kristallkugel und lese in den Eingeweiden eines fliegenden Fisches, den ich gerade an Deck gefangen habe, nichts nützt. Flaute, Flaute, Flaute … Und ich mitten drin! Zehn Knoten, acht… sieben… fünf, vier, zwei, ein Knoten. Im Laufe des Tages nimmt die Geschwindigkeit der UUNET immer weiter ab. Ich habe schlechte Laune. Welch ein Kampf mit den meteorologischen Bedingungen, seitdem ich am 9. Januar aus Brest ausgelaufen bin. Und jetzt, wo ich ein bisschen Ruhe erwarte, ist alles schwach, zu schwach. Das Wetter stabilisiert sich nicht. Dauernd muss ich manövrieren, um voranzukommen, aber es bringt nichts. In der Nacht stellt sich auch keine Besserung ein. Ich klebe fest, null Geschwindigkeit. Ich lege mich in die Koje. Nichts bewegt sich. Aber ich kann trotzdem nicht schlafen. Ich lausche auf die Geräusche meiner UUNET. Ich weiß ganz sicher, dass es heute Nacht windstill sein wird, aber ich kann nicht verhindern, dass ich alle drei Minuten auf die Instrumente schaue und auf das kleinste Geräusch des Wassers am Steven achte, in der Hoffnung, dass ... Vergeblich. Die Sonne zieht sich durch einen dumpfen Vormittag und wirft ihre Strahlen auf einen bleiernen Ozean. Nicht der geringste Seegang, nicht die kleinste Kräuselung auf dem Wasser. Wir liegen wie auf einem Binnensee. Jegliche Bewegung ist erstorben, und man fragt sich, wodurch das Meer wieder zum Leben erweckt werden könnte. Wasser und Himmel sind zu einem unwirklichen Universum aus nebliger Hitze verschmolzen. Eine irreale Welt! Und ich schimpfe und schreie. Ich muss meine Nerven beruhigen und mich mit irgendetwas ablenken.

Intermezzo

Die Batterien könnte ich ins Wasser werfen! Denn seit einiger Zeit bereitet mir die Selbststeueranlage Sorgen: Sobald etwas Wind weht, brennt ihre Sicherung durch. Nachdem ich versucht habe, zu verstehen, woher die Panne im Sicherungskasten kommt, merke ich, dass auch beim Kippen des Kiels die Spannung abfällt. Da der Generator einwandfrei arbeitet, und ich alle Anschlüsse und Kabel überprüft habe, schließe ich daraus, dass eine der Batterien die Ursache für die Störung sein muss. Weil ein Paar Batterien 70 Kilogramm wiegt, haben sie in einem defekten Zustand nichts an Bord zu suchen. So steuere ich also mit dem Werkzeugkasten in der Hand den Motorraum an – fest entschlossen, dem Ärger ein Ende zu machen. Auf Händen und Füßen kämpfe ich im Maschinenraum mit der ersten Gruppe Batterien und versuche, sie so schnell wie möglich aus ihrem Kasten zu ziehen. Das ist schon zu zweit kein einfaches Unterfangen, aber ganz allein und bei der Hitze ... Zu meiner großen Befriedigung gelingt es mir, die Batterien herauszuholen und dabei sogar meine Finger unversehrt zu retten. Bevor ich sie jedoch über Bord werfen werde, möchte ich doch noch herausbekommen, was in ihrem Innern kaputtgegangen ist. Ich nehme also die Abdeckung auseinander, untersuche die Zellen und sehe, dass eine der Überbrückungen zwischen zwei Plattenblöcken etwas Spiel hat. Ich durchsteche sie und führe eine Blechschraube hinein, um eine gute Verbindung herzustellen. Dasselbe mache ich mit den drei anderen Verbindungskontakten, und probiere noch einmal aus, ob die Batterie funktionstüchtig ist: Sie ist wieder in Ordnung! Der Weg führt also nicht über die Bordkante, sondern wieder zurück in den Motorraum. Das Einbauen ist dann noch einmal sehr schweißtreibend. Klitschnass komme ich aus dem Motorraum, aber meine Stimmung ist etwas besser als vorher. Mit nur einem Satz Batterien hätte ich den Generator zweimal mehr arbeiten lassen müssen, und das hätte mich doppelt soviel Treibstoff gekostet.

Die Flaute bleibt hartnäckig bestehen. Ihre Anhänglichkeit ist wirklich tadellos. In den vergangenen 24 Stunden habe ich 88 Seemeilen hinter mich gebracht. Das ist bisher das schlechteste Etmal. Ich hoffe, dass die Geschwindigkeit in den nächsten Stunden nicht noch weiter abnimmt.

Finanzierung und Umbau

Heute habe ich meinen Langsamkeitsrekord klar geschlagen! In der Nacht habe ich ungefähr nur zwei Seemeilen zurückgelegt. Der Spinnaker taucht ins Wasser und das Boot fährt, wohin es will. Das geht mir auf die Nerven! Ich kann nicht schlafen. Ich leide still vor mich hin und habe auch noch schlechte Laune. Ich habe keine Lust zu lesen, keine Lust, Musik zu hören, keine Lust, mich auszuruhen, ich habe zu gar nichts Lust! Ich möchte nur weitersegeln. Weitersegeln! In solch schwierigen Augenblicken kommen mir meine Anstrengungen wieder in den Sinn, die ich gemacht habe, um hier zu sein. Und während ich auf diesem Meer wie aus Öl festliege, wird mir plötzlich klar, wie viel Hartnäckigkeit ich in der Vergangenheit aufbringen musste, um meinen Plan Wirklichkeit werden zu lassen.

Als ich mein Boot 1997 von Bertrand de Broc gekauft hatte, steckte die Idee des Abenteuers noch in den Kinderschuhen. Ein Abenteuer, das ich mit mehreren Menschen teilen würde, vor allem mit einem Mann meines Vertrauens, der bereit war, sich völlig in dieses besondere Projekt einzubringen. Ich nahm Kontakt auf zu Jacques Delorme, dem ehemaligen Teamkameraden von Loïc Peyron. Mein Vorschlag interessierte ihn, und die Tatsache, dass ich keinen müden Pfennig auf der Naht hatte, mit dem ich seine Arbeit hätte bezahlen können, schreckte ihn nicht ab. Er verfügte über einen kleinen »Überlebensfonds«, der es ihm erlaubte, zu warten, bis meine Finanzierung stand.

Das Geld, das liebe Geld! Achillesferse der Entdecker, Albtraum des modernen Seefahrers. Zu diesem Zeitpunkt meines Unternehmens musste ich unbedingt einen ersten Kredit von 500 000 Francs locker machen, um mit den Arbeiten am Boot beginnen zu können. Es ist immer ein mühseliges Unterfangen, für ein äußerst riskantes Unternehmen einen Kredit zu erhalten. Besonders für ein Vorhaben, dessen Ausgang eher ungewiss ist und sich erst bei einer Rückkehr auszahlt. Ich sprach unterschiedliche Geldgeber für die Finanzierung eines Rennbootes an. Aus Erfahrung wusste ich, dass ich nicht hoffen konnte, bei einer französischen Bank Unterstützung für so eine Aktion zu finden. Also fuhr ich direkt nach Monaco zur Sécuritas, einer Gesellschaft, die sich auf riskante Projekte spezialisiert hat, und die schon den Kredit für meinen Trimaran ELLE ET VIRE versichert hatte. Leider war Sécuritas gerade von einer holländischen Gruppe aufgekauft worden, sodass ihre Flexibilität eingeschränkt war. Die neuen Entscheidungsträger schlugen mir ein Leasing vor. Das war für mich kein großer Unterschied zu einem Kredit, außer, dass sie die Eigentümer eines Rumpfes wurden, den ich mit Geld gekauft hatte, das mir nicht gehörte und dass ebenfalls alle Verbesserungen des Bootes in ihr Eigentum übergehen würden.

Nachdem das »Wie« geklärt war, zeigten sie sich bereit, mir die notwendige Summe zu leihen – unter der Bedingung, dass ich jemanden fände, der für den Betrag geradestehen würde. Bei Geldverleihern kann man nie vorsichtig genug sein! Ich wandte mich also mit dieser Bitte an Serge Munoz, den Leiter der Gesellschaft Frédéric M.; er hatte mir schon bei meinen Rallye-Einsätzen geholfen. Einmal mehr stimmte er zu und wurde so der erste Sponsor meiner Weltumseglung gegen Strom und Wind. Da wir jetzt über das nötige Geld verfügten, mussten Jacques und ich einen Bootsbauer suchen, der in der Lage war, alle Veränderungen zu beaufsichtigen, die wir an dem von de Broc gekauften Rumpf vornehmen wollten. Philippe Briand, der damals den Bootsumbau für Philippe Poupon beaufsichtigte, war für diese Arbeiten leider zu beschäftigt. Daher entschieden wir uns für Marc Lombard, der uns mit seinem Sachverstand und seinen guten Ideen überzeugte.

Wir hatten zwei Möglichkeiten: Erstens konnten wir das Boot, wie es unter Poupon und de Broc lief, wieder herstellen: mit Ketsch-Takelung (zwei Masten, wobei der hintere innerhalb der Konstruktionswasserlinie steht) unter Verwendung desselben Kiels und mit verstärktem Boden. Diese Rekonstruktion würde etwa 1,2 Millionen Francs kosten, mit einem gebrauchten Mast vielleicht etwas weniger. Das würde auch ausreichen, um den Rekord von Mike Golding anzugreifen. Doch aufgrund meines geringen Budgets werde ich das Boot wohl für die Vendée Globe 2000 verchartern müssen – dann wäre es mit dieser Konstruktion nicht wettbewerbsfähig, und ich würde keinen Interessenten finden. Wenn wir dagegen das Schiff wieder als Slup takelten, einen kippbaren Kiel anbrächten, das Deck vereinfachten und das Innere leichter machten, dann würde sich unser Boot nicht nur einfacher verchartern und verkaufen lassen, sondern vor allem würden sich meine Chancen, den Weltrekord gegen Strom und Wind zu schlagen, um ein Vielfaches verbessern. Noch vor dem ersten Kostenvoranschlag war mir klar, dass sich diese Lösung auf mehr als zwei Millionen Francs belaufen würde.

Natürlich hatte ich nicht so viel Geld. Aber die Lösung war sehr verlockend! Ohne lange zu zögern, entschlossen wir uns, den Rumpf der Firma MAG in Fontenay-le-Comte in der Vendée anzuvertrauen (da ich kein festes Budget hatte, gab es so gesehen auch keine Beschränkung für den Umbau). Der gute Ruf der Werft MAG beruht auf Sachverstand und Erfahrung. Dort arbeiten Nordahl Mabire, der »Verbundmaterial-Goldschmied«, und Robert Sicard, der Chef, der die unterschiedlichen Gemütszustände der Seeleute kennt. In seinen Händen konnten Segler ihre Boote vollenden lassen. Die Tatsache, dass alle für den Bau wichtigen Personen – Bootsbauer, Schiffshändler, die Hersteller des Kiels und der beiden Hydraulikzylinder (mit denen der Kiel nach Backbord und Steuerbord bewegt und in einem Winkel bis 30° gehalten werden konnte) – an ein und demselben Ort arbeiteten, beruhigte mich. Nur der Mast und der Baum würden bei Espace Composite in der Nähe von Montpellier produziert werden und die Segel bei Elvström in Cannes. In meinen Augen war damit alles hervorragend geregelt.

Da dieser Umbau nicht so beginnen sollte wie alle anderen, kam der Rumpf bei MAG als Sondertransport an (eskortiert von Motorrädern der Gendarmerie), ohne dass ich einen Kostenvoranschlag gesehen hatte. Aber ich musste den Rumpf von dort, wo er lag, wegholen. Außerdem hatte ich es eilig, sodass der Sondertransport in dieser Situation gerechtfertigt war.

Eine Gruppe von Leuten, intelligent und erfahren, stellte intensive Überlegungen über den Umbau des Rumpfes an und beschloss dann Folgendes: Das Innere des »nackten«

Rumpfes musste zunächst ausgeräumt werden, damit überhaupt sein Gewicht erhöht werden konnte. Als Nächstes musste der Decksplan vereinfacht und schließlich der Boden des Rumpfes aufgeschnitten werden, um einen Kippkiel mit zwei seitlichen Zylindern mit 70 Tonnen Schub zu installieren. Und weil wir beschlossen hatten, die Ketschtakelung aufzugeben zugunsten einer Takelung als Slup mit längerem Großmast (27 statt 23,60 Meter), musste unbedingt der Baum verlängert (9 statt 4,50 Meter) und mit einem Hakenbeschlag an Deck versehen werden. Der Baum (bei Espace Composite hergestellt) würde 60 Kilogramm wiegen.

Vorteil dieses Umbaus war, dass der Druck auf den Mast verringert werden würde. Zudem würde mit dem Höhersetzen des Schothorns im Großsegel die Baumnock bei starkem Wellengang weniger in das Wasser eintauchen. Ein weiterer Trumpf war, dass der Baum im Falle eines Mastbruchs als Behelfsmast an Deck stehen bleiben und leicht auf einem Stift aufgerichtet werden könnte. Dank der neuen Carbonfasern würde der Mast 160 Kilogramm wiegen. Das bedeutet: Der Mast der vorgesehenen Sluptakelung ist knapp vier Meter länger als die vorherige Ketschtakelung und dabei gleichzeitig 200 Kilogramm leichter. Ein beachtlicher Gewinn. Der Mast soll an Deck stehen, um im Fall eines Mastbruchs zu verhindern, dass der Bootsboden durchschlagen würde. Weitere Veränderungen am Schiff: Sieben Winschen werden eingespart, es bleiben fünf im Cockpit, zwei am Mast und eine am Baum. Der Kiel würde mit einer Neigung von 30° nach beiden Seiten kippbar sein. Der Tiefgang würde sich von dreieinhalb auf viereinhalb Meter verändern (Hersteller von Schutzhelmen für Krebse könnten ein Vermögen verdienen!).

Einige zusätzliche Spanten sollten vorne den Rumpf verstärken. Die Kielbombe aus Blei würde nur 3,2 Tonnen[1]) wiegen, und die Hydraulikzylinder zum Kippen des Kiels würden, ebenso wie die beiden dazugehörigen Achsen, aus rostfreiem, besonders widerstandsfähigem Spezialstahl hergestellt. Sie würden extra in Deutschland gegossen und gehärtet werden. Zwei asymmetrische Schwerter sollten das Schwingen des Kiels ausgleichen, die jedoch nicht zusätzlich das Abdriften verhindern. Schließlich würden im Innern alle elektrischen Anlagen und die gesamte Elektronik vollständig erneuert werden. Dusche und WCs sowie etliche Wandschränke würden verschwinden, nur ein Kartentisch und eine winzige Kochnische sollten eingebaut werden.

Das Boot wurde also vollständig umgebaut; der Rumpf diente dabei als Grundlage für ein völlig neues, speziell für so eine harte Weltumseglung konzipiertes Boot. Um nun auch noch den neuen Regeln der Vendée Globe zu entsprechen und um die Sicherheit bei Problemen in antarktischen Gewässern zu verbessern, sollten zwei Abschnitte des Bootsbodens mit Schaumstoff ausgekleidet werden. Dadurch wäre das Boot unsinkbar, selbst wenn alle sechs wasserdichten Abteile durchlöchert wären. Und schließlich sollte ein doppelter Bug angebracht werden, der sich beim Zusammenstoß mit ei-

---

[1]) Die Kielbombe der AQUITAINE INNOVATION von Yves Parlier wog 1,8 Tonnen. Aber die Unfälle von Gerry Roulfs und Isabelle Autissier haben gezeigt, dass Boote mit so wenig Ballast relativ schnell kentern und in dieser Lage liegen bleiben, was nicht der Sinn der Sache ist. Deshalb sind die Mehrrumpfboote bei der Vendée Globe nicht zugelassen, weil sie nach dem Kentern falsch herum liegen bleiben. Und da es einigen Bootsbauern wohl nicht viel auszumachen scheint, einen Ertrunkenen und einen wundersam Geretteten auf dem Gewissen zu haben, schreiben die Regeln der Vendée Globe neue Richtlinien vor. Aus Gründen der Sicherheit sollte man auch bei den Rennen der Einrumpfboote mehr Ballast vorschreiben.

nem Holzklotz oder einem Eisberg ablösen sollte, sodass die Fahrt mit einem etwas verkürzten Boot fortgesetzt werden könnte. Am Ende würde das Boot sechseinhalb Tonnen weniger wiegen als bei seinem Stapellauf. Zehneinhalb Tonnen statt 17 Tonnen. Das ist nicht uninteressant!

Es gibt mehrere Kniffe, um ein Boot leichter zu machen. Die größte Gewichtseinsparung geht aufs Konto des Kiels. Im Gegensatz zu Mehrrumpfbooten, bei denen zwei Schwimmkörper als Ballast dienen, erhält ein Einrumpfboot seine Gewichtsstabilität durch einen Ballastkörper, der unter dem Kiel angebracht ist: Je weiter ein Schiff durch den Druck des Windes im Segel kränkt, desto stärker wirkt das aufrichtende Moment des Ballasts am Kiel, der normalerweise aus Gusseisen, besser aber aus Blei ist. Die erste Möglichkeit einer Gewichtsverringerung um drei bis vier Tonnen besteht darin, den Ballast zu verkleinern und ihn gleichzeitig so tief wie möglich zu befestigen, in diesem Fall bei einem Tiefgang von 4,50 Metern. Die zweite Lösung besteht darin, Ballasttanks anzubringen, die eine Menge Meerwasser als Gewicht aufnehmen können, die man aber nur im Notfall füllt. Dafür muss ein Boot an Breite zunehmen. Eine dritte Entdeckung, die bei Mini-Transatlantik-Rennen erprobt wurde, ist, einige weitere Tonnen Ballast wegzulassen und zum Ausgleich den Kiel am Wind um 30° zu kippen.

Zufrieden mit diesen geplanten Veränderungen erwartete ich die Kostenvoranschläge der Werften. Und dann kamen sie per Fax – schmerzhaft – einer nach dem anderen:

Kauf des Rumpfes	500 000 F
Mast, Baum, Schwerter	600 000 F
Werft MAG	1 600 000 F
Segel	500 000 F
Laufendes Gut	100 000 F
Stehendes Gut	150 000 F
Elektronik, Autopiloten	400 000 F
Generator	100 000 F
Zylinder für den Kippkiel	250 000 F
Kiel und Kielbombe	200 000 F
Konstrukteur	200 000 F
Sondertransport	50 000 F
Anstrich	100 000 F
Jahresgehalt für drei Personen (ohne mich) + Nebenkosten	600 000 F
Summe	5 350 000 F

Ach, du liebe Zeit! Das ging ja gut los! Meine Schätzungen wurden fast um das Dreifache übertroffen, vor allem für den Kiel, der 1,3 Millionen Francs kosten sollte, während ich geglaubt hatte, mit 400 000 Francs davonzukommen. Nachdem ich wieder und wieder meinen Taschenrechner rausgeholt hatte, in der Hoffnung, dass einige Nullen zuviel zu einem falschen Ergebnis geführt hätten, sagte ich mir, dass das Boot nun in der Werft lag und dass ich nicht mehr zurück konnte. Sehr selbstsicher unterzeichnete ich also die Schecks für die Anzahlungen der verschiedenen Zulieferer und sagte freimütig (das ist meine Stärke), dass ich im Moment noch nicht alles notwendige Geld beisammen hätte. Bei meinen vorhergehenden Unternehmungen hatte ich mir den Ruf der Ehrlichkeit erworben, und so erhielt ich keine einzige Absage. Der Umbau begann im Mai 1997, nur einen Monat nach der Bergung des Rumpfes. Es ging voran. Der erfahrene Jacques Delorme passte gut auf. Geld blieb jedoch weiterhin ein großes Problem!

Ich musste Kohle auftreiben, aber wie? Mein Bankkonto wies ein Minus von 180 000 Francs auf. Leider hatte die Führungsetage der Société Générale de Cannes, bei der ich seit mehr als 20 Jahren Kunde war, gewechselt, und die Neuen zeigten nicht das geringste Verständnis und erst recht keine Sympathie für mein Vorhaben. Aber ich besaß das Boot, das Projekt existierte und meine Bemühungen zeigten gute Resultate. Gegen Ende des Sommers hatten wir mehrere Sponsoren gewonnen, darunter die Stadt Cannes mit einer bedeutenden Summe, die 25 Prozent der Arbeitskosten ausmachte, etwa zwölf Prozent der Gesamtfinanzierung. Einige Vorauszahlungen waren schon geleistet, und so sah ich der Zukunft gefasst entgegen. Über ganz Frankreich verstreut gewann das Puzzle nun an Form: Der neue Rumpf war fertig, das Deck war vorbildlich einfach, der Erstanstrich gab dem Ganzen ein einheitliches Aussehen, Kiel, Kielbombe und Zylinder näherten sich ihrem endgültigen Einsatzort. Auch Mast, Baum, Schwerter und Segel warteten schon darauf, nach La Rochelle gebracht zu werden.

Doch Anfang Oktober 1997 trübte eine erste dunkle Wolke die vielversprechende Zukunft meiner Weltumseglung gegen Strom und Wind. Im Rathaus von Cannes hatte man »vergessen«, die Subvention zu bewilligen. Und die nächste Zusammenkunft der Kommission würde erst Anfang Dezember stattfinden. Kleine Vergesslichkeit, große Folgen! Ohne diese Subvention war ich in einer schwierigen Lage. Besonders in den Augenblicken, in denen ich meinen Lieferanten neue Zahlungen leisten musste. Ziemlich verlegen erklärte ich ihnen mein Pech und zeigte ihnen den Brief des Bürgermeisters, damit sie sich in Geduld fassten. Trotz meiner fröhlichen Selbstsicherheit wusste ich weder ein noch aus. Die Einzelteile des Bootes waren fertig gestellt, aber nicht zusammengesetzt. Die Situation war festgefahren.

Ich hatte drei Millionen Francs Schulden, wobei der Rückstand der sich anhäufenden monatlich fälligen Zahlungen für den Kredit (von Mehrwertsteuer und Sozialabgaben ganz zu schweigen) ebenso wenig berücksichtigt waren wie der Gerichtsvollzieher. Ich war gezwungen, mir überall ein bisschen Geld zu leihen, um meine Reisen und die Telefonrechnung bezahlen zu können. Ich sah nur zwei Lösungen: entweder ein Flugticket nach Uruguay zu kaufen und hier alle Zelte abzubrechen (was allerdings überhaupt nicht meinem Stil entspräche), oder aber schnell einen Hauptsponsor für das ganze Projekt zu finden, weil die Versprechungen der Stadt Cannes nicht ganz koscher waren. Eins wusste ich sicher: Ich würde die Weltumseglung nicht mehr in diesem Jahr machen. Aber der für Januar 1998 vorgesehene Start des Rennens New York – San Francisco schien mir ein idealer Aufhänger und Rettungsanker zu sein. Ich machte mich auf die

Suche nach potenziellen Partnern, und Ende November be-
stätigte Optic 2000 per Fax sein Interesse, mich bei dieser
Wettfahrt zu unterstützen. Sofort verschickte ich Einla-
dungskarten für eine Pressekonferenz, die eine Woche später,
am Eröffnungstag der Bootsmesse in Paris stattfinden sollte.
Gleichzeitig trieb ich die Werft zur Eile an, damit alles so
schnell wie möglich bis zum Januar 1998 fertig sein würde.
Ich bestellte einen Sondertransport und verhandelte mit einem Frachter, der das Boot nach New York bringen sollte.
Kurz, ich arbeitete in alle Richtungen. Zwei Tage vor der
Pressekonferenz zog sich mein Geschäftspartner jedoch zurück, ohne dass irgendein Einspruch möglich gewesen wäre.
Da die Einladungen für die Pressekonferenz verschickt waren, stellte ich mich trotzdem den Journalisten und erlitt einen schrecklichen Nervenzusammenbruch, als ich ihnen erklären musste, dass ich nichts mehr zu sagen hatte.

Der Dezember kam, aber die von der Stadtverwaltung
von Cannes versprochene Subvention blieb aus. Angeblich
sollte ich das Boot erst zu Wasser lassen, bevor sie das Geld
locker machten. Die machten sich über mich lustig! Glücklicherweise fanden die Gespräche telefonisch statt, sonst hin-
ge wohl mehr als einer am Garderobenhaken. Denn schließlich war es ihre Schuld, wenn das Ganze den Bach herunter-
ging. Ich musste diese Unterstützung abschreiben, wusste
aber, dass ich wieder zum Angriff übergehen würde. Ich
machte mir Vorwürfe, dass ich Cannes treu geblieben war,
während Antibes sich um mich bemüht hatte.

Nicht einmal die Teilnahme an Paris – Dakar mit Jean-Louis Schlesser konnte mich über die Schwierigkeiten dieses Jah-

res 1997 hinwegtrösten. Im Bewusstsein, dass ich Abstand gewinnen musste, rief ich meine Lieferanten und Gläubiger an und bat sie, mir bis zum Sommer Aufschub zu gewähren. Ich wundere mich immer noch, dass ich ihr Vertrauen behalten hatte, vor allem das von MAG und Espace Composite, bei denen ich mit zwei Millionen bzw. 400 000 Francs in der Kreide stand. Sicher konnte Robert Sicard nicht viel von meinem Boot erwarten, außer dass er Schwerter, Kiel, Mast und Baum verkaufen konnte. Die Zylinder wären übrigens fast auf dem Boot von Cathérine Chabaud gelandet – ich zittere jetzt noch, wenn ich daran denke. Die einzige Hoffnung, die mir in diesem Moment blieb und die mich vor dem völligen Zusammenbruch bewahren konnte, war immer noch, einen Sponsor aufzutun. Einer, der von einer spontanen Aktion begeistert wäre. Einer, der einverstanden sein würde mit dem Zuwasserlassen des Schiffes 14 Tage nach Vertragsunterzeichnung und einer, der an einer unmittelbaren kommerziellen Verwertung der Aktion interessiert wäre.

Nach drei Wochen Skiurlaub war ich auf andere Gedanken gekommen. Ich hatte mich erholt und meine Motivation wiedergefunden. In der Hoffnung, bald aufs Meer hinausfahren zu können, heuerte ich für die ganze Saison als Navigator für Autorennen bei Jean-Louis Schlesser an. Die einzige Möglichkeit, einen Geldgeber für meine Segelei aufzutun, bestand darin, im November 1998 an der Route du Rhum teilzunehmen. Doch vorher musste ich unbedingt eine Million Francs auftreiben, um das Boot endgültig zusammenbauen zu können.

Zusammen mit Jean-Louis Schlesser gewann ich die Tunesien-Rallye, die Atlas-Rallye und die »Baja Italienne«, womit wieder etwas Geld in meine Kasse kam. Sicherlich aufgrund dieser Siege erhielt ich Ende Mai einen Anruf vom Sohn einer sehr reichen Familie aus Monaco (ich nenne hier nicht den Namen, Sie werden schon merken, warum nicht). Da er meine Passion für küstennahes Segeln kannte, schlug er mir vor, ich solle mit ihm zusammen an der berühmten Regatta Venedig – Monaco teilnehmen. Ich sagte zu unter der Bedingung, dass er mich nicht bezahlte, sondern bei der Sécuritas für mich bürgte, deren Büros in einem der Gebäude lagen, die ihm gehörten. Er stimmte zu. Sofort benachrichtigte ich die Kreditgesellschaft und läutete den Endspurt ein, indem ich den Werften mitteilte, dass eine baldige Lösung in Sicht sei und wartete darauf, dass mein Freund für mich bürgte – ich warte heute noch! Dieser Freund ist nie zur Unterzeichnung der Papiere erschienen, er hat nie die Bürgschaft gegeben.

Das Ganze hatte nämlich einen Haken: Damit ich das Geld abheben konnte, verlangte meine Bank, ich solle die Kreditsperre aufheben lassen, die mir inzwischen auferlegt worden war. Ich pumpte Freunde an, ging mit dem Geld zur Banque de France, zahlte meine Schulden inklusive Zinsen und nach kaum drei Tagen war meine Akte geschlossen. Dieses Mal glaubte ich, dass mich nichts mehr abhalten könnte, die berühmte Million abzuheben. Aber ich kannte die Banken schlecht: Einige Tage später – es war an einem Freitag im August, ich wollte gerade nach Monaco fahren, um den Scheck bei Sécuritas abzuholen – wurde mir telefonisch mitgeteilt, die Société Générale verweigere die Bezahlung meiner Telefonrechnung von 372 Francs und 50 Centimes. So galt die

Kreditsperre also wieder … 372,50 Francs! Wegen dieser lächerlichen Summe sollte alles ins Wasser fallen! Außer mir vor Wut sprang ich auf mein Motorrad und brauste zur Société Génerale. Ich fuhr mit dem Motorrad direkt ins Gebäude hinein, ging in die erste Etage und betrat das Büro der Person, die für mein Konto zuständig war. Ich packte dieselbe am Hemdkragen und am Hosenboden, hielt sie aus dem Fenster und sagte:»Wenn Sie in zwei Tagen keinen Eilbrief an die Banque de France geschickt haben mit der Mitteilung, dass Sie sich geirrt haben, und dass die Kreditsperre unwirksam ist, dann komme ich wieder und lasse Sie fallen.« Dann habe ich ihn auf seinem Stuhl abgesetzt und bin rausgegangen. Ich höre ihn heute noch quieken wie ein Schwein!

48 Stunden später war alles in Ordnung. Ich hatte das Geld! Das Boot wurde zusammengebaut und rechtzeitig für die Route du Rhum fertiggestellt. Zwei Tage, nachdem das Boot in La Rochelle zu Wasser gelassen worden war, zehn Tage vor dem Beginn des Rennens, kam Christophe Hébert, dem ich die Suche nach einem Budget anvertraut hatte (er hatte vor allem für d'Abboville und Kersauson gearbeitet), und sagte, er habe vielleicht einen Geldgeber für mein Boot, wir träfen uns morgen Abend mit ihm im Restaurant *Train Bleu* an der Gare de Lyon in Paris. Ich hatte gerade aufgehängt, da klingelte das Telefon schon wieder. Jérôme Lecat, Chef der Uunet, der Gesellschaft, von der Christophe mir gerade erzählt hatte, stellte sich vor und kam ohne Umschweife zur Sache. Er sagte:»Das Projekt interessiert uns. Ich werde Paris heute mit einem Zug um 22.03 Uhr verlassen. Wir treffen uns morgen um 21 Uhr. Ich werde Ihnen eine Viertelstunde lang erklären, was Uunet ist. Dann haben Sie eine

Dreiviertelstunde, um mich von Ihrem Projekt zu überzeugen. Und um 22 Uhr haben Sie meine Antwort. Dann stehe ich auf und steige wieder in meinen Zug.«

Und genauso hat es sich am nächsten Abend abgespielt.

Endlich! Am 8. Februar nachmittags kommt ein leichter Nordnordost auf. Ich muss dauernd halsen, weil der achterliche Wind nicht ganz beständig aus einer Richtung kommt. Um diese winzige Brise so weit wie möglich auszunutzen, lasse ich Backstag und Schot die ganze Nacht tanzen. Gegen Morgen nimmt der Wind zu, und ab Mittag komme ich mit Hilfe eines Reffs und der Genua durchschnittlich mit elf Knoten voran. Nach den Tagen der Gefangenschaft und der verlorenen Zeit tut es mir gut, Seemeilen und Breitengrade hinter mich zu bringen. Die Sonne leuchtet am Himmel, der so blau ist wie das Meer. Aber ich nähere mich dem 40. Breitengrad, das heißt, dass das Ende der schönen Tage nahe ist. So genieße ich die letzten warmen Stunden.

Splitterpartie

Frühmorgens am 10. Februar überquere ich 40° Süd. Schauer prasseln herab, Blitze durchzucken den Himmel. Der Wind weht aus Nordnordwest oder West. Ein paar Delphine spielen im Kielwasser, die fliegenden Fische sind inzwischen verschwunden. Die Farbe des Wassers verändert sich innerhalb weniger Seemeilen und wandelt sich vom leuchtenden Blau zu hässlichem Graugrün. Gleichzeitig fällt die Temperatur von 23 °C auf 17 °C. Die Luft kühlt ab, der Wind wird schwächer. Bald hüllt mich dicker Nebel ein. Ich ziehe ein Sweatshirt an, was ich seit langem nicht mehr getan habe. Die meteorologische Vorhersage für die Annäherung an Kap Hoorn ist nicht gerade vertrauenerweckend. Das hätte ich mir denken können, denn ich bin noch nie unter so schauderhaften Voraussetzungen den Atlantik herauf oder herunter gefahren. Schon am Abend kommen heftige Böen auf, und ich muss reffen: Ein Reff … zwei Reffs … drei Reffs … Das Barometer fällt. Der Wind dreht auf Südwest und kommt jetzt genau von vorne. Das Meer ist aufgewühlt, ein erster Albatros taucht auf. In der folgenden Nacht erlaubt mir eine Winddrehung auf Westnordwest einige Stunden lang mit 25 Knoten schnurgerade durchs Wasser zu ziehen.

Die Sterne verlieren den Glanz der tropischen Breiten. Die Tage werden länger, nur widerwillig vergeht das letzte Licht der Dämmerung hinter dem Horizont. Im Westen erkenne ich in der aufkommenden Dunkelheit in 500 Seemeilen Entfernung das unglaubliche Leuchten der Gletscher in den Anden. Sie reflektieren das restliche Licht der untergehenden Sonne. Wie ein südlicher Sonnenaufgang erleuchtet ein helles, intensives Licht den dunklen Himmel. Der Anblick ist großartig, hält aber leider nicht lange an. Die Nacht bricht dunkel herein. Ich halte die Nase in den Wind und bemerke einen sich nähernden Schauer. Ich rolle die Genua ein und reffe das Groß. Das Barometer ist im freien Fall. Ich stelle mich auf das Schlimmste ein. Plötzlich überfällt uns eine heftige Windbö, und schon liegt die UUNET flach auf dem Wasser. Ich bin bereit! Ich verkürze das Groß weiter, setze auch die Sturmfock, meine Kampfbeseglung. Die Gischt hat ihre Wärme verloren, ich kämpfe jetzt gegen eiskalte Spritzer. Der Krieg hat begonnen. Aber kaum habe ich das Reffen beendet, da schläft der Wind ein, und ich kann zusehen, wie das Boot und ich mit dem aufgewühlten Meer klarkommen. Enttäuscht setze ich die Fock. Zack – noch eine kräftige Bö, diesmal von der anderen Seite, die UUNET liegt wieder auf der Backe. In höchster Eile berge ich die Fock. Und dann kommt nichts mehr, der Wind schläft wieder ein. Kurze Zeit später bläst es wieder los, die ganze Nacht geht dieses Hin und Her so weiter. Man könnte glauben, das Wetter habe Spaß an der Abwechslung. Bloß dass ich darüber überhaupt nicht lachen kann! Gegen Morgen ist mit dem Meer dann überhaupt nichts mehr anzufangen. Heftige Windstöße aus allen vier Himmelsrichtungen bringen das Wasser zum Kochen. Regenschauer lagern sich übereinander. Hagel folgt auf Regen, und der Wind faucht mit 50 Knoten über die See. Die Wetterbedingungen schwanken so, dass es unmöglich ist, einen Kurs zu halten. Ich bin außer mir. Den ganzen Tag über dasselbe Theater. Durchnässt, von Salz und Erschöpfung gerötete und geschwollene Augen, fluche ich ohne Hemmungen.

Ich finde dieses schauderhafte Wetter einfach entsetzlich. Schließlich bin ich so ausgepumpt, dass ich mich hinlege, aber ohne die Instrumente über dem Kartentisch aus den Augen zu lassen.

Bei Anbruch der Nacht gehe ich wieder an Deck, nachdem ich mich in der Koje vierzig Mal um mich selbst gedreht habe. Der Sturm braust, schlägt heftig zu. Schwere Brecher zwingen mich ins Cockpit zurück. Die ungeordneten Bewegungen der UUNET sind gefährlich. Um sie zu mäßigen, fülle ich jeden Ballasttank mit einer Tonne Wasser. Das reicht aber nicht. Die ganze Nacht lösen einander pausenlos Schauer, Hagel, Regen und Windstöße ab. Welch schauderhaftes Wetter! Das Meer ist so wild bewegt, dass ich beim Betreten der Kajüte durch die Gegend fliege und gegen den Kartentisch geschleudert werde. Durch meinen Aufprall zersplittern die Bildschirme der beiden Computer. Die Glasscherben verteilen sich wirklich überall. Der Schmerz ist so heftig, dass ich das Bewusstsein verliere. Wohl fünf Minuten lang bin ich ohnmächtig. Als ich wieder zu mir komme, spüre ich starke Schmerzen durch einen mächtigen Bluterguss auf Magenhöhe. Auf allen Vieren krieche ich aus der Kajüte, kann mich kaum aufrecht halten und scheue jede Bewegung, die ich jetzt machen muss. Ich habe Angst, die Milz könnte gerissen sein. Ich muss mich hinlegen. Aber kaum bin ich in der Koje, da läutet der Radar-Alarm. Das Wegelicht zeigt mir einen Gegenstand an. Trotz eines kurzen Blickes von 360° um mich herum kann ich keinen Frachter erkennen. Dagegen versperrt im Westen genau vor mir ein Lichtschein den Horizont. Vergeblich überlege ich, was das sein könnte. Die Küste ist 400 Seemeilen entfernt.

Und dann traue ich meinen Augen nicht: Zahllose Lichter leuchten in der dunklen Nacht und schwanken im Takt mit dem starken Wellengang. So etwas habe ich noch nie gesehen. Ich gehe wieder unter Deck, um meine Position auf der Karte zu überprüfen. Ich befinde mich genau an der Grenze der Kontinentalplatten, die sich auf 100 Meter Tiefe erstrecken und einem Abgrund, der schnell auf 4000 Meter abfällt. Trotz meiner Schmerzen eile ich an Deck, um festzustellen, ob ich auf diese Flotte zufahre, deren Scheinwerfer das Meer taghell erleuchtet. Jetzt verstehe ich: Das sind Fischer. Aber die haben nichts gemein mit den kleinen brasilianischen Barken, die ich vor Recife gesehen habe. Diese Schiffe sind riesig, 60 Meter bis 80 Meter lang! Mehrere Dutzend liegen in einer Reihe. Auf beiden Seiten beleuchten etwa 50 sehr starke Strahler die Wasseroberfläche, um die Fische anzulocken. Aus einer Entfernung von 30 Seemeilen hat es den Anschein, als stehe der Horizont in Flammen. Welch eindrucksvolles Schauspiel! Vorsichtig durchquere ich diese eiserne Mauer, die vier bis fünf Seemeilen breit ist. Als das Hindernis hinter mir liegt, setze ich die Wache fort, denn einige Schiffe fahren im Gegensatz zu den Fischern mit nur vergleichsweise schwach leuchtenden Positionslichtern in der Gegend herum, sodass sie fast nicht zu erkennen sind.

Am späten Morgen des 13. Februars beruhigt sich die Furie langsam. In diesem Chaos aus Wasser und Wind darf man auf keinen Fall unterbesegelt sein. Ich fiere also die Sturmfock, setze das Vorsegel und segle auf Steuerbordbug genau nach Westen, um mit einer Winddrehung auf Südwest oder Westsüdwest eine Warmfront zu erreichen. Auf diese Weise kann ich direkt nach Süden, Richtung Falklandinseln segeln.

Als nachmittags einige Schauer eine baldige Wetteränderung ankünden, wende ich in Richtung Kap Hoorn, das 550 Seemeilen vor mir liegt. Zunächst muss ich gegen heftigen Wellengang ankämpfen, der mir nicht gestattet, viel Segel zu setzen. Aber in diesen flachen Gewässern beruhigt sich die See schnell, sodass ich zu Beginn der Nacht die Genua setzen und das zweite Reff herausnehmen kann. Bei einem Wind von 25 Knoten aus Westsüdwest mache ich zehn bis zwölf Knoten. Nach einem letzten Blick über Deck lege ich mich in die Koje. Ich habe keine Ahnung, wie lange ich kein Auge mehr zugemacht habe.

Montag, der 14. Februar, 36. Tag auf See. Mit einem feuchten Schwamm entferne ich die unzähligen kleinen Glassplitter vom Kartentisch. Der Eintritt in die antarktischen Gewässer war brutal. Dass die Bildschirme der beiden Computer genau vor dem zweimonatigen Kampf ab Kap Hoorn zerbrochen sind, bedeutet für mich eine schwere Einschränkung: Ich kann die Wettervorhersage von MétéoMer nicht mehr empfangen, von der ich den Barometerstand, Windstärke und -richtung sowie die meteorologische Vorhersage für 24 Stunden im Voraus erfuhr. Was noch schlimmer ist: Ich habe weder Fax noch E-Mail und kann nur noch über mein Satelliten-Telefon Verbindung mit der Welt aufnehmen. Von jetzt an muss ich mir alle Wettervorhersagen telefonisch mitteilen lassen, für 25 Francs pro Minute! Ich muss die guten alten Seekarten wieder herausholen, die mir schon in der Vergangenheit so gute Dienste geleistet haben. Da ich auf den Spuren Magellans und der ersten Entdecker habe segeln wollen, betrachte ich das Ganze mit Gleichmut. Ich habe sowieso keine andere Wahl.

Das Meer beruhigt sich, und das Boot gewinnt etwas an Stabilität zurück. Der Wind weht gleichmäßig mit 15 Knoten aus Westsüdwest. Ich segle vor dem Wind zügig in Richtung Le Maire-Straße. Gegen Abend wird der Himmel blau, und von Westen bricht ein schüchterner Sonnenstrahl hervor. Es ist 17 Uhr, wir überqueren 50° Süd. Das Wasser wird kälter. Ein Albatros kreist in weitem Gleitflug um das Boot herum und begrüßt unsere Ankunft. »Willkommen in meinen unheilbringenden Gefilden«, scheint er zu sagen, während er uns mit seinen runden, glänzenden Augen aufmerksam mustert. Der Tanz kann beginnen!

Ruhe vor dem Sturm

Dienstag, 15. Februar. Meine Stimmung ist gut. Seit gestern habe ich 248 Seemeilen hinter mich gebracht, und ein schöner Tag breitet sich vor dem Bug aus. Der Albatros, der mich begleitete, hat seine Kumpel wieder getroffen. Sie tuscheln, gewiegt vom leichten Seegang, und scheinen über unser Schicksal zu beraten. Nur selten sieht man diese Vögel in einer Gruppe beisammen. Ihre Anwesenheit tröstet mich, obwohl ich weiß, dass sie mich als Aasfresser ohne Zögern verschlingen würden, wenn ich ins Wasser fiele.

Gegen Abend flaut der Wind ab, und unter Großsegel und Gennaker präsentiere ich mich vor der Le Maire-Straße. Hier ist die Strömung zwischen der Stateninsel und dem südlichsten Ende des Kontinents (das etwa 15 Seemeilen entfernt ist) so stark (manchmal beträgt sie sieben Knoten), dass dieser Weg bei Gegenwind unbefahrbar ist. In solchen Fällen ist es besser, die Stateninsel östlich zu umfahren. Heute bietet mir ein leichter ablandiger Wind ideale Bedingungen, um die Meerenge zu durchqueren. Aber in dem Augenblick, als ich in das Fahrwasser einlaufe, stoppt die UUNET ganz plötzlich ab, weil sie in ein dickes Paket treibender Algen gefahren ist. Es sind bräunliche Algen, die aussehen wie 20 bis 30 Meter lange Spaghettis. Sie werden von den Stürmen aus dem Grund gerissen. Ihr Stamm kann 20 Zentimeter Durchmesser erreichen. Früher versteckten sich die heute ausgerotteten

Feuerländer[1]) in solchen auf der Wasseroberfläche schwimmenden Algenbänken, wenn sie in ihren Kajaks von den berühmten »Williwaws«, den plötzlich auftretenden, heftigen Fallwinden Feuerlands, überrascht wurden. Sie stürzen mit einer solch hohen Geschwindigkeit die Bergkämme herunter, dass ein Schiffsbarometer Luftdruckveränderungen aufzeichnet.

Ich muss nun im Taucheranzug runter: Während ich aufpasse, dass das Boot nicht abhaut und mich allein in meiner Algenbank zurück lässt, befreie ich Kiel und Ruderblatt mit einer Metallsäge von diesen »Spaghettis«. Nach einer Stunde kann ich weitersegeln, durchgefroren vom Aufenthalt in dem 7 °C kalten Wasser, aber erleichtert darüber, dass mir die Algenbank nicht in der Nacht bei 40 Knoten Wind vor den Bug gekommen ist.

Die Passage der Le Maire-Straße bereitet keine Probleme. Nur die Gegenströmung schüttelt mich von Zeit zu Zeit ein bisschen durch. Einige Seemeilen weiter kreuze ich den Weg eines großen Öltankers, der nach Norden fährt. Da Verkehr in dieser Gegend eher selten ist, nehme ich an, dass er aus Ushuaia kommt, wo er sein Heizöl für das ganze Jahr abgeliefert hat.

Die Nacht bricht herein, der Tanker setzt seine Positionslichter und verschwindet in der Dunkelheit. Wir setzen kei-

---

[1]) Die Ureinwohner Feuerlands lebten als Jäger und Sammler, die südlichsten Stämme als Wassernomaden. Sie wurden durch die Weißen ausgerottet (Menschenjagd, Krankheiten).

ne und fahren gen Süden. In der Nacht schläft der Wind völlig ein. Am Morgen erhebt sich eine leichte Brise über der See, die für diese Gegend der Welt unglaublich ruhig ist. Noch bin ich unter der Küste – der Tanz wird erst beginnen, wenn ich das Kap umrundet habe.

Kap Hoorn!

Mittwoch, 16. Februar. An Bord herrscht eine eigenartige Unruhe. Heute, nach 39 Tagen Seefahrt bin ich am Kap Hoorn mit FERNANDE verabredet. Dieses Wiedersehen versetzt mich in große Aufregung. Ich befinde mich vor dem südöstlichen Ausgang des Beaglekanals, der das äußerste Ende des südamerikanischen Kontinents von den patagonischen Inseln trennt, an deren Ufer Ushuaia als vorgeschobener argentinischer Posten liegt. Der kleine chilenische Militärposten Puerto Williams, der auf der anderen Seite des Kanals auf der Insel Navarino liegt, rühmt sich, die südlichste Stadt der Welt zu sein. Langsam segle ich an dieser ungastlichen Küste entlang, und jetzt kann ich in der Ferne im Dunst einige der zahlreichen Inseln des feuerländischen Archipels erkennen. Eine der Inseln, sie wird von einem Leuchtturm überragt, ist das südlichste Kap aller Kontinente, und ihr Name lässt die Seeleute der ganzen Welt erzittern: Kap Hoorn! Es hat einen sagenhaften Ruf. Zur Zeit der Klipper gelang es den Glücklichsten, das Kap in einer Woche zu umrunden. Die Unglücklichsten kämpften bis zu drei Monate, wie Admiral Anson 1741!

Als erster umrundete 1577 der englische Pirat Francis Drake Kap Hoorn und plünderte dann die Küsten von Peru und Chile. Vor ihm soll allerdings Willem Cornelisz Schouten (aus Hoorn in den Niederlanden) zum ersten Mal die südlichste Passage Feuerlands befahren haben, aber niemand glaubte ihm. Schlimmer noch: Man hielt ihn für einen Be-

trüger, verurteilte ihn zum Fußeisen und warf ihn ins Ge-
fängnis.

Ich selbst habe 1987 auf meinem großen, 24 Meter langen
Mehrrumpfboot mit dem Namen KRITER zum ersten Mal diesen mystischen Ort gesehen, dessen Geschichten meine Kindheit erfüllt hatten. Ich segelte damals mit der normalen Strömungsrichtung und kam dort bei Nacht und Nebel an. Weil
mein Satnav, Vorgänger des GPS, ausgefallen war, segelte ich
am Kap vorbei (ohne mir dessen bewusst zu sein) und war
erleichtert darüber, das »Hindernis« problemlos passiert zu
haben – war aber doch ein bisschen enttäuscht, dass ich den
berühmten Felsen nicht gesehen hatte. Angeblich herrscht
am Kap nur 20 Tage pro Jahr gutes Wetter und das auch nur
in Schaltjahren. Zwei Jahre später steuerte ich als Einhandsegler bei meinem Rekordversuch zwischen New York und
San Francisco gegen die Strömung auf der ELLE ET VIRE Kap
Hoorn bei Tag an. Dieses Mal wurde ich für meine Mühe belohnt und segelte nicht weit an der sturmzerklüfteten Küste
vorbei, aber doch nicht zu nah, denn ein heimtückischer Felsen ragt nur 100 Meter weiter bis zwei Meter unsichtbar unter der Wasseroberfläche empor. Ich war also an dem schrecklichen schwarzen Felsen, der diese traurige Gegend bewacht,
vorbeigesegelt und glaubte, ich werde ihn nicht so bald wieder sehen. Gleich dahinter hatte mich dann ein Sturm empfangen. In der folgenden Nacht stieß ich südlich der Diego
Ramírez-Inseln, diesen tückischen Inseln etwa 60 Seemeilen
südwestlich von Kap Hoorn, mit einem treibenden Growler
zusammen und segelte am nächsten Morgen mit einem um
drei Meter verkürzten Rumpf wieder zurück – am Kap
Hoorn vorbei. Ich flüchtete nach Puerto Williams, gegenüber

von Ushuaia, am anderen Ufer des Beaglekanals in Chile, und es gelang mir unter unbeschreiblichen Umständen, den Rumpf zu reparieren. Zehn Tage später versuchte ich erneut, den Süden zu bezwingen, wider den Zerberus am Ende der Welt. Das war 1989. Es hat also gut zehn Jahre gedauert, bevor ich jetzt zum vierten Mal herkomme. Aber jetzt werde ich nicht allein sein, denn FERNANDE wird zum Empfang bereitstehen.

FERNANDE ist eine Ketsch, die früher in Antibes lag. 1982, als ich meine ersten Hochseetouren machte, plante ich mit dem 23 Meter langen Boot die Teilnahme am Whitbread Race. Aber wegen eines im Milieu gut bekannten, zwielichtigen Vermittlers war das Projekt im letzten Moment gescheitert. Dabei bekam ich zu meinem Nachteil zu spüren, wie zufällig die Gelder damals verteilt worden sind. Es vergingen einige Jahre, bevor ich den langen schwarzen Rumpf wieder sah, gegen den ich damals dann mehrere Monate lang im Mittelmeer Regatten segelte. Ich dachte immer ein bisschen wehmütig an das Boot, das mich ans Ende der Welt hätte bringen sollen. Heute nun segelt die FERNANDE durch die Gewässer Patagoniens.

Treffpunkt ist also der schwarze Felsen. An Bord werden einige Freunde sein, Christophe Hébert, Alban, der Kameramann Fulvio d'Aquano, Jacques Delorme und meine Coco.

Während sich der Morgennebel hebt und blauer Himmel zum Vorschein kommt, suche ich den Horizont nach einem Segel und einem Boot ab. Und als ich mit dem Glas den Eingang zum Beaglekanal beobachte, dessen Umrisse sich an

Steuerbord in den letzten Nebelschwaden abzeichnet, taucht, beleuchtet von den ersten Strahlen der Sonne, die FERNANDE vor meinem Bug auf – wie ein Traumbild. Mein Herz klopft heftig. Wir nähern einander. Die Farbtupfer des Ölzeugs zeichnen sich jetzt ganz klar ab. An Deck bewegen sich mehrere Leute. Um dieses morgendliche Zusammentreffen nicht zu verpassen, haben sie die Nacht sicher im Schutz einer Bucht gleich hinter dem Kap verbracht. Jetzt befinden sich die beiden Boote fast Bordwand an Bordwand. Um mein Tempo halten zu können, fährt die FERNANDE zusätzlich unter Motor. Ich kann alle Gesichter erkennen. Wir wechseln einige zum Teil unverständliche Worte. Ein Motorboot kommt längsseits, aber der schon heftige Wellengang verhindert ein Anlegen. Ich werfe meine Filme und Fotos rüber und strecke die Hand aus. Sie sind so nah! Plötzlich legt eine Bö die UUNET auf die Seite. Schnell berge ich den Spinnaker und setze die Genua. Währenddessen fährt das Motorboot zurück. Die Insassen sind wieder an Bord der FERNANDE.

Beim Segelbergen ist mir warm geworden. Hinter der Genua versteckt, ziehe ich mich nackt aus, trete so vor das Segel, strecke den Arm aus und rufe in Richtung Pazifik: »Geht es hier nach Saint-Tropez?« Ich höre ihr Lachen, während ich mir eine Dusche eisigen Meerwassers verabreiche. Auf jeden Fall haben sie auf diese Weise ein schönes Foto im Apparat.

Der Wind nimmt schnell zu. Ich sehe kurz Cocos Augen unter der Kapuze. Welch ein Glücksgefühl! Dieses Treffen am Ende der Welt unterbricht auf einen Schlag die Einsamkeit, die mich seit mehr als einen Monat umgibt. Aber ich habe keine Zeit, den Augenblick zu genießen. Mein vielleicht etwas eifersüchtiger Freund Kap Hoorn ruft mir seine Anwesenheit ins Gedächtnis. Eine Sturmbö ergreift uns ohne Vorwarnung, und dicker Nebel hüllt uns ein. Weniger als 25 Meter von mir entfernt verschwindet die FERNANDE schnell im Nebel. Zehn Minuten große Freude. Als zehn Minuten später Nebel aufkommt, ist die FERNANDE nur noch ein Punkt am Horizont. Alles war so schnell und unwirklich, und nun bin ich wieder allein, ein bisschen benommen, wie am Ende eines Traumes, der im Nebel verschwindet und den Eindruck des Unvollendeten hinterlässt, eine unangenehme Bitterkeit. Ich hätte so gerne etwas mehr gesagt! Blöder Wind!

Kap Hoorn fliegt rechts vorbei, spöttisch, nun sonnenbestrahlt, als wolle es seine unbarmherzige Gegenwart hervorheben. Eine Träne läuft mir über die Wange. Ich bin traurig und glücklich zugleich, dass ich nun in antarktische Gewässer fahre.

Ich liege Südsüdwest an und steuere den Bug in Richtung Polarkreis, hoch am Wind, in einer steifen Brise. Das Vorschiff der UUNET taucht in die hohe Dünung des Pazifiks ein. Zum letzten Mal blicke ich auf die schwarzen Felsen, die in der Nacht verschwinden. Aber ich habe keine Zeit zum Schauen. Die Reise ist wegen der schwierigen meteorologischen Bedingungen seit Rio de Janeiro schon nicht gemütlich. Doch mir ist bewusst, dass die wirkliche Herausforderung erst noch vor mir liegt. Und zwar für mindestens zwei Monate. An diesem Mittwoch, dem 16. Februar, um 23.20 Uhr, überquere ich die Breite von Kap Hoorn und erreiche den Südpazifik. Sechs Tage früher als Mike Golding!

Unter einem Reff und der Genua werde ich in der ersten Nacht in diesem Ozean nach und nach in die örtlichen Gegebenheiten eingeführt: Morgens habe ich Gegenwind mit 50 Knoten, einen schweren Sturm, der mich zwingt, das Großsegel mit drei Reffs zu setzen. Der Süden gewährt mir nicht einmal 24 Stunden Eingewöhnungszeit. Himmel, Meer und Luft, alles ist grau und bedrückend. Die Temperatur sinkt im freien Fall. Das Meer schwillt an und nimmt die Gewalt des Windes auf. Zur »Belohnung« legen wir am ersten Tag nur 82 Seemeilen zurück. Der zweite Tag ist auch nicht sehr großartig, denn die UUNET legt sich zweimal auf die Seite, der Windrichtungsanzeiger funktioniert nicht mehr, und das Boot wird dauernd von Brechern überspült, was das Arbeiten an Deck besonders gefährlich macht. Starke und drehende Winde machen die See unberechenbar. Ich komme schwer voran. Mit ohrenbetäubendem Lärm schlagen Hagelschauer an Deck. Die UUNET leidet, stampft, krümmt sich. Und ich spüre die grausame Kälte. Im Innern des Bootes herrscht Chaos. Die beschlagenen Fenster überzieht eine Eisschicht. Alles ist nass, alles trieft. Die Zubereitung der Mahlzeiten verlangt zirzensische Fertigkeiten, und ich fürchte, dass wir lange in dieser Arena bleiben werden. Ich warte auf eine Beruhigung, um den Herd anzumachen. Ich warte eine halbe Ewigkeit ...

3. Südpolarmeer

Routen-Berechnung

Montag, der 21. Februar. Vor fünf Tagen habe ich Kap Hoorn hinter mir gelassen, und diese fünf Tage haben mir den schlechten Ruf der Gegend bestätigt. Ich bin auf 60° 30' Süd. Die Wassertemperatur ist auf 2 °C gesunken. Nebel ist auch mit von der Partie. Weil die Bullaugen zugefroren sind, habe ich zur Überwachung treibender Growler das Radar angeschaltet. Gegen Abend nutze ich eine Wetterberuhigung, um das Schiff auf Schäden zu untersuchen. Als ich das Lager am Ruderkopf festgezogen habe, das ein bisschen Lose hatte, entdecke ich, dass in der Vorpiek ein Spant gebrochen ist. Das ist schlimm, weil das Meer so aufgewühlt ist! In unbequemer Haltung im Vorschiff beschichte ich das Spant mit einem Harz, das speziell für extreme Kälte gedacht ist. Als ich zwei Stunden später wieder auftauche, bin ich voller blauer Flecke. Der Schaden ist behoben, aber ich weiß, dass ich ihn in den nächsten Tagen im Auge behalten muss, denn die Leidenszeit der UUNET ist noch nicht beendet.

Ich nähere mich dem Polarkreis. Hierher haben sich nur wenige Seefahrer vorgewagt. Der Erste war Jean Baptiste Charles Bouvet de Lozier im Juli 1738. Er war nicht allein an Bord, aber man kann sich vorstellen, welchen Mut diese Seeleute des 18. Jahrhunderts aufbringen mussten, um im tiefsten südlichen Winter in diese Gegend zu segeln. Am 17. Januar 1773 erreichte der Engländer James Cook 71° 10' Süd. Weil er fürchtete, Growler könnten seine Schiffe, die RESOLUTION und die ADVENTURE, zerstören, kehrte er um, bevor er den antarktischen Kontinent gesehen hatte. Ich dagegen möchte in aller Bescheidenheit der erste Einhandsegler sein, der während eines Rennens in diese extremen Breiten kommt, wenigstens bis 65° Süd, möglichst bis 70° Süd. Diesen Weg zu öffnen und die Empfindungen der Pioniere nachzuvollziehen, ist für mich ebenso verlockend wie der Wunsch, den Rekord von Mike Golding zu schlagen.

Die genaue Beobachtung des Meeresbodens in dieser unwirtlichen Gegend, wo man dauernd gegen die vorherrschenden Strömungen kämpfen muss, zeigt, dass es möglich ist, achterliche Winde von 15 bis 20 Knoten zu nutzen, wenn man so weit südlich wie möglich segelt. Da hier der Umfang der Erde geringer ist und die Breitengrade folglich geringere Abstände haben, ist dieser Weg nach Osten sehr viel kürzer, als auf 40° Süd, und das hat den Vorteil, dass man viele Seemeilen zurücklegen und beachtlich Zeit gewinnen kann. Im Winter und im Frühjahr sind die extremen Breiten auf der Südhalbkugel nicht befahrbar. Im Sommer ist es nicht ungefährlicher, da sich der Rand des Packeises ablöst, jedoch nicht schmilzt. Erst im Herbst bringt der warme Kap Hoorn-Strom nach dem nur dreiwöchigen Sommer das nach Norden abdriftende Eis zum Schmelzen. In dieser kurzen Jahreszeit besteht die Möglichkeit, zwischen dem Kontinent und den Growlern hindurchzusegeln. Damit ich genau diese Strecke segeln kann, habe ich mir ausgerechnet, dass ich am 9. Januar in Brest starten muss, um nach 40 Tagen zu der günstigen Jahreszeit hier zu sein.

Im Moment bestätigt sich die Theorie an Ort und Stelle. Als ich im Funkkontakt mit Pierre Lasnier an der Küste Brasiliens und Argentiniens entlang nach Süden segelte und wir die meteorologischen Karten der polaren Regionen des Pazifiks studierten, war die Situation oft so, wie wir sie uns erhofften: mit östlichen Winden und vor allem mit einer ausgeprägten Eisschmelze. Sorgen bereitete uns ein neues Kältegebiet, das die Meteorologen seit einiger Zeit beobachteten und das sich jedes Jahr etwas verschob. Vor zwei Jahren lag es bei Tasmanien. Im vergangenen Jahr bewegte es sich zwischen Neuseeland und dem Rossmeer. Wenn diese Eismassen dort liegen bleiben, verhindern sie das Schmelzen des Packeises, und ich kann nicht zwischen 64° und 66° Süd vorankommen. In diesem Fall wäre ich gezwungen, eine nördlichere Passage, wahrscheinlich mit starkem Gegenwind, zu suchen. Eins ist sicher: Ich werde bald eine Antwort auf eine Frage erhalten, die mich seit langem bewegt – ob sich eine sehr südliche Route auszahlt.

Einige Tage in diesen hohen Breiten zeigen mir, dass das Terrain frei ist, ich habe keinen einzigen Growler gesehen. Das Wetter ist nicht so toll. Ich warte ungeduldig auf einen Umschwung, denn das Vorwärtskommen ist sehr schwierig, und ich führe ein erbärmliches Leben an Bord. Bei dem dauernden Nebel sieht man zwischen null und 100 Meter weit. Je tiefer ich in diese gespenstische Gegend vorstoße, desto mehr versuche ich mich in die besondere Atmosphäre hineinzuversetzen, in der Hoffnung, so die Gefahren besser zu erkennen. Die nächste Küste ist 1000 Kilometer entfernt und unbewohnt. Ich weiß, dass der geringste Irrtum tödlich sein kann. Man darf nie vergessen, dass das Glück ein kostbarer Verbündeter ist, den man so selten wie möglich herausfordern sollte.

Ohne die dunkle, bedrohliche und hinterhältige Weite aus den Augen zu lassen, die der Rumpf der UUNET zerschneidet, versuche ich einige Minuten Schlaf zu ergattern.

Erste Eisberge und ein bockender Ofen

Langsam dämmert der Morgen des 22. Februars, obwohl es nicht richtig Nacht geworden war. Auf dieser Breite von 64°30' Süd geht die Sonne gegen zwei Uhr morgens unter, erscheint wieder um sieben Uhr, verharrt hinter dem Horizont und erzeugt ein Halbdunkel zwischen Dämmerung und Nacht. Die Wolken hängen tief. Die fehlende Sicht beschert mir wieder einen harten, trostlosen Tag. Der Wind kommt mit 30 Knoten aus Norden. Mit 0 °C hat die Wassertemperatur ihren Tiefpunkt erreicht. Dauernd schlagen Wellen über das Deck der UUNET. Wir haben hohen, kräftigen, gleichmäßigen Seegang. Es ist kalt, darum kostet es mich große Überwindung, aufzustehen. An Bord ist alles feucht, und mein Ölofen weigert sich hartnäckig, anzugehen. Wenn er so weiter macht, werde ich ihn wohl genervt über Bord werfen. Ich glaube, dass er den Fischen eine sehr gute zusätzliche Heizung böte.

Als ich gerade meinen Overall wieder anziehe, den ich nur zum Schlafen ablege, sehe ich ein kleines Echo auf dem Radarschirm. Es erscheint so schwach, dass ich zwei Seemeilen an Backbord nur etwas erahne. Ein Schiff kann es nicht sein, denn es gibt hier keine. Es könnte sich um einen Growler handeln. Jetzt schon! Ich speichere das Bild und betrachte es genau. Kein Zweifel: Das ist ein Echo. Schwach, aber ziemlich nah. An Deck, wo mich ein Schauer eisiger Gischt empfängt, versuche ich, durch den wattigen Nebel den Growler zu erkennen. Ich brauche eine gute Minute, bevor ich einen etwa 50 Meter langen weißlichen, leicht blau schimmernden Um-

14 9. Januar 2000. Viele Menschen erwarten am frühen Morgen auf dem Kai den Start, der wegen der Tide genau um 9 Uhr stattfindet.

15 Olivier de Kersauson begleitet mich bis zur Startlinie. Die anderen Begleitschiffe sind bereits umgekehrt.

16 Coco und einige enge
   Freunde kommen an Bord
   und begleiten mich bis
   zum Kap Saint-Mathieu.

17 Meine Freunde sind von
   Bord gegangen. Allein
   segle ich auf die offizielle
   Startlinie zu, die zwischen
   der Insel Ouessant und
   dem Kap Lizard liegt.
   Vor mir liegen 30 000 Seemeilen.

18 Gegen Strom und Wind.

16

17

19 Die Wetterbedingungen lassen mir vom ersten bis zum letzten Tag des Rennens keine Atempause.

20 Weil ich den Spiegel vergessen habe, muss eine CD von Gainsbourg herhalten.

21 Auch wenn es nicht so aussieht, besteht hier doch eine vollendete Übereinstimmung zwischen der See, dem Boot und mir.

22 14. Februar 2000: Coco ist mir zum Kap Hoorn entgegengekommen. Ein bewegendes Zusammentreffen am Ende der Welt.

23

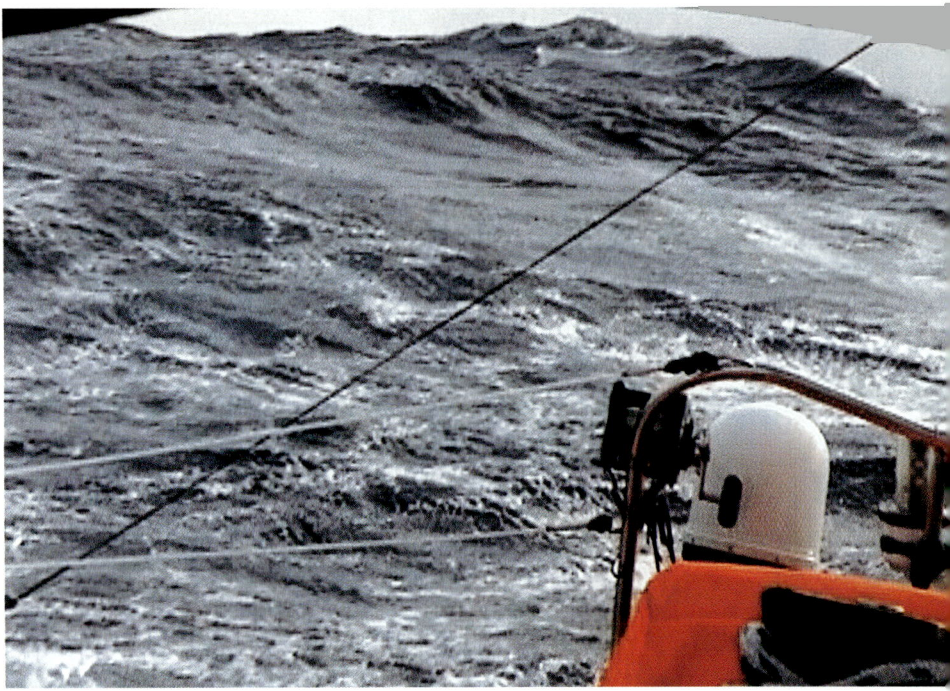

24

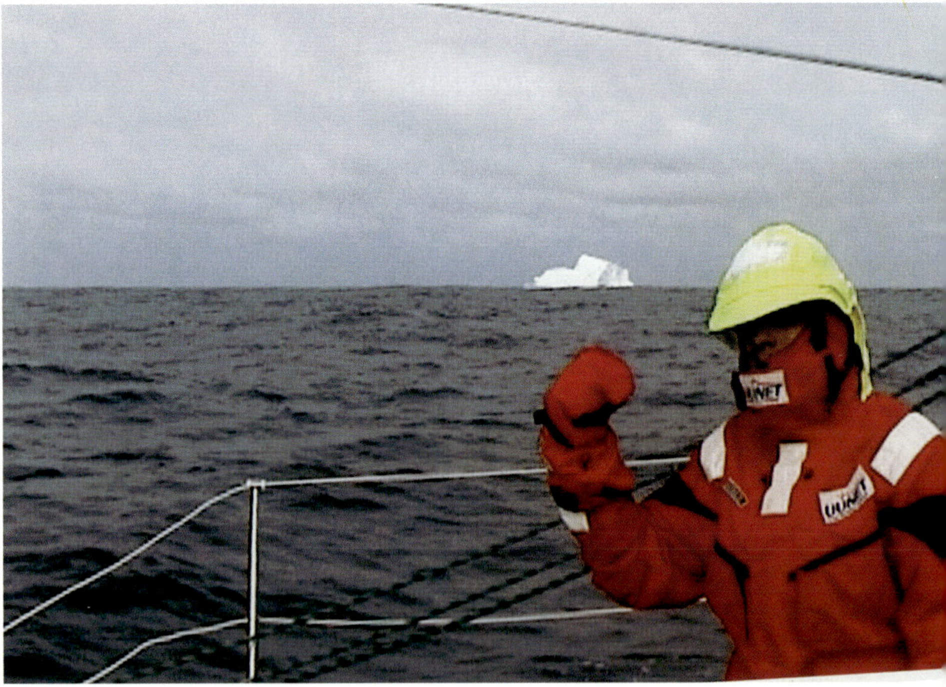

23 Sturm im Südpazifik. Die Wellen erreichen eine Höhe von 30 Metern …

24 Erste Eisberge, erste Gefahr. Aber im Augenblick ist das Meer noch ruhig, die Sicht gut, ich habe keinen Nebel.

riss erkenne, der aus dem dunklen Wasser ragt. Man könnte ihn mit einem scharfen Rammsporn vergleichen. Geräuschlos schwimmt er an uns vorbei und weist hochmütig die kleinen Wellen zurück, die an ihm entlanglaufen. Starr betrachte ich ihn, bevor ich in die Kajüte zurückkehre. Die Begegnung beschäftigt mich noch! Bei sehr bewegtem Meer sind kleine Growler schwer zu erkennen und daher sehr gefährlich. Eine Stunde später dasselbe Spiel! Ein Echo zeigt mir einen dicken Block Steuerbord querab, während gleichzeitig eine Viertelmeile entfernt ein Growler in Lee vorbeischwimmt, der über der Wasseroberfläche nicht zu erkennen ist. Es läuft mir kalt den Rücken runter. Ich hatte nicht erwartet, hier solche Reststücke anzutreffen, sondern eher große, auf dem Radarschirm leicht erkennbare Growler. Von heute an wird die Wache anspruchsvoll, anstrengend und vor allem ohne Ende sein. Der Überlebenswille wird erwachen. Meine Aufgabe ist, nur mit einem Auge zu schlafen, während das andere auf den Radarschirm gerichtet ist.

Am Morgen des 22. Februar habe ich den Kampf mit dem Ofen gewonnen. Schwarz wie ein Schornsteinfeger genieße ich endlich den entstehenden Hauch von Wärme. In diesem jämmerlichen Verschlag, der den ärmsten Clochard in die Flucht schlagen würde, habe ich plötzlich das Gefühl, Klein-Versailles zu bewohnen.

Eine neue Wetterfront zieht vorbei und bringt einen Windwechsel – nun weht es mit 25 Knoten aus Südsüdwest. Bei diesem dauernden Umschwung ist das Meer ständig in Unordnung. Selbst bei günstigem Wind muss ich mit der See von vorne kämpfen, und man kann unmöglich mit normaler

Geschwindigkeit segeln. Die Besegelung besteht in diesen Breiten meist aus der Sturmfock und dem Groß mit drei Reffs. Große feuchte Schneeflocken fallen. Die Sicht ist gleich null. Auch auf dem Radarschirm kann ich wegen des Schneefalls keine Growler erkennen. Nachmittags hört das Gestöber auf; ein Stückchen blauer Himmel wagt einen schüchternen Durchbruch durch das Grau. Die Sonne erfrischt mein Gemüt. Auch das Radar profitiert davon, dass es aufklart und zeigt sofort ein dickes Echo voraus. Zwei Seemeilen vor uns kreuzt ein riesiger Block unseren Weg, so groß wie eine mittelalterliche Burg. Ich setze wieder die Genua, was seit langem nicht möglich war und ziehe in nur 300 Metern in Luv an ihm vorbei.

Als ich mit den Augen der langen Dünung folge, die gegen seine Flanken schlägt, wird mir die ganze Masse dieses Ungetüms bewusst. Der Eisberg ist gut und gerne 200 Meter lang und 50 Meter hoch. Nur zehn Prozent seiner wirklichen Größe ragen aus dem Wasser – wie bei den Eiswürfeln im Whisky-Glas. Ich empfinde fast körperliche Schmerzen bei dem Gedanken, die UUNET könnte bei Nebel, 45 Knoten Wind und einem Wellengang von 15 Meter gegen so einen todbringenden Felsen geschmettert werden. In weniger als zwei Minuten wäre das Boot in Stücke gerissen und ich ertrunken.

Nach dieser Warnung hüllt mich wieder dicker Nebel ein. Der Wind nimmt zu und kommt jetzt von vorn. Ich binde drei Reffs ins Groß und setze die Sturmfock. In der Nacht schwillt das Meer an. Das Barometer ist im freien Fall. Morgens bläst der Wind mit mehr als 50 Knoten. Die Wassertemperatur beträgt 0 °C, die Lufttemperatur etwa −15 °C. Wenn ich an Deck gehe, frieren die Augen in wenigen Minuten zu. Gischt und Wind machen jede Sicht nach vorn unmöglich. Dauernd verschwindet das Deck unter einem Meter Wasser, das Cockpit gleicht den Niagarafällen. Dort kann ich mich nicht festhalten, so stark ist der Sog des ablaufenden Wassers. Auch die notwendigen Manöver sind unter diesen Bedingungen äußerst schwierig. Außerdem habe ich das Gefühl, dass es im Innern der UUNET genau so kalt ist wie draußen. Der Ofen bockt schon wieder und weigert sich, zu funktionieren. Das Aufwärmen mit einem Tee ist auch nicht einfach, weil das Wasser bei dem Seegang und der Kälte schwer zu erhitzen ist. So ist auch die Zubereitung der Trockennahrung äußerst herausfordernd. Außerdem ist mein Schlafsack nass, sodass ich im Ölzeug und mit Stiefeln schlafe. Bei dieser eisigen Feuchtigkeit werde ich dann regelmäßig von Krämpfen in den Beinen überrascht.

Mühsam fiere ich das Großsegel und drehe mit Sturmfock bei. Heftige Brecher schlagen unter der Wasserlinie an den Rumpf und schubsen die UUNET grob zur Seite. Trotz der unmenschlichen äußeren Umstände bleibe ich in all meinem Unglück heiter und optimistisch. Sie ist wirklich stark und treu, meine Nussschale, und außerdem die einzige Möglichkeit für mich, in dieser Gegend zu überleben. Nur sie kann mich nach Hause zurückbringen. Ich vertraue ihr.

Donnerstag, der 24. Februar, 65° Süd. Seit dem Morgen habe ich keinen Growler mehr gesehen. Trotz der Schwierigkeiten habe ich Mike Golding drei Tage abgenommen. Die Anstrengung hat sich bis jetzt also gelohnt! Wenn das Wetter irgendwann einmal besser wird, kann ich viele Längengrade in kurzer Zeit hinter mich bringen. Mitten in der Nacht setze ich das Großsegel mit drei Reffs, um Meilen zu machen. Plötzlich erblicke ich zwischen den 1 °C kalten Gischtwogen einen weißen Klotz voraus. Da ich die Entfernung nicht einschätzen kann, springe ich sofort ans Ruder und drehe ab. Es war höchste Zeit! Der kalte Schweiß läuft mir den Rücken runter. Der Growler zieht so nahe vorbei, dass mich seine Kälte zittern lässt. Ich wache die ganze Nacht. Es ist schwierig, irgendetwas zu erkennen, nur die großen Growler sind auf dem Radarschirm auszumachen. Am Morgen wird das Wetter noch schlechter. Heftige Hagelstürme fegen über uns hinweg, orkanartige Sturmböen mit mehr als 60 Knoten überfallen das Boot, sodass sich die UUNET mehrmals auf die Backe legt. Was für ein Irrsinn!

Im Telefongespräch berichtet mir Pierre Lasnier von umfangreichen Warmluftmassen, die nach Süden vorstoßen, und für dieses unmögliche Wetter verantwortlich seien. Ich muss mich damit abfinden, und wahrscheinlich wird es noch eine Weile anhalten. Außerdem erfahre ich von ihm, dass die berühmte Eisbarriere vor dem Rossmeer kleiner geworden ist. Das bedeutet, dass abgesprengte Growler in dem Gebiet treiben müssen, dem ich mich nähere. Solche Berichte wie diesen hätte ich gerne jeden Tag – aber für meinen schlimmsten Feind! Kaum habe ich aufgehängt, da zeichnen sich wieder zwei Echos auf dem Radarschirm ab. Hoffentlich macht das Gerät diese Eskapaden noch bis zum Schluß meines Rennens mit. Dieses Radar muss eine gute Konstitution haben, denn jeder Stoß lässt meine Zähne aufeinander schlagen. Dagegen muss es da oben im Mast, wo es unser Schicksal überwacht, die reine Hölle sein!

65° Süd – es riecht nach Tod

Ich lebe wie ein Tier. Nicht einmal die Albatrosse folgen mir noch. Das ist wahrscheinlich ein Hinweis darauf, dass man sich besser nicht in diese Gegend wagen sollte. Was den Wind betrifft, so ist er der pure Wahnsinn: 45 Knoten fegen über die See. An Deck kann ich mich nicht mehr halten. Ich habe alle Segel geborgen. Wir machen trotzdem noch drei Knoten. Immer noch überspülen Brecher das Boot. Die Wellentäler werden wohl 15 bis 20 Meter tief sein. Ich leide. Die Kälte ist schneidend. Die Gischt hindert mich daran, den kleinsten treibenden Growler zu erkennen. Die Sicht ist draußen also gleich null, und innen sind die Bullaugen zugefroren. Die UUNET segelt blind. Meine Augen sind fest auf den Radarschirm gerichtet. Nur er kann Growler sichtbar machen. In 24 Stunden bin ich an zehn Eisbergen vorbeigefahren. Gegen Abend, nachdem ich in der Ferne zwei Growler beobachtet habe, sehe ich in drei Metern Abstand von der Reling einen Block von der Größe eines Autobusses vorbeiziehen. Diese Größe reicht dicke aus, um das Boot ohne weiteres zu zerstören.

Ich kann nicht mehr. Ich bin todmüde. Meine Augen sind gerötet vom Salz und den vielen schlaflosen Stunden, mein Körper ist mittlerweile aufgeweicht, weil ich Ölzeug und Stiefel nicht mehr ausziehe. Mein Schlafsack ist inzwischen verschimmelt. Um der Kälte zu entgehen, verziehe ich mich in die Last. Ich klammere mich mit aller Kraft ans Leben, denn ich weiß, dass die Situation alles andere als gut ist. Das

Meer riecht nach Tod. Alles um mich herum drückt Verzweiflung aus. Es gibt zu viele Growler, und zwangsläufig wird mich einer erwischen. Bisher haben die UUNET und ich viel Glück gehabt, aber das Glück währt nicht ewig. Die extreme Lage, in der ich mich befinde, zwingt mich zu dem Gedanken, dass ich von jetzt an meine Haut retten muss. Und meine Haut ist mein Boot! Ich muss es hier rausbringen. Der Rekord ist vergessen.

Auf See muss man genau so wie im Hochgebirge Vernunft walten lassen und umkehren, wenn die Bedingungen zu gefährlich sind. Ich glaube, nur mit solch einer Einstellung kann man steinalt werden. Es ist nicht leicht, das Projekt, an dem ich mehr als drei Jahre konkret gearbeitet habe, aufzugeben. Aber heute würde ich in Anbetracht der unhaltbaren Zustände wohl nicht weitermachen. Ich glaube nicht, dass mir irgend jemand diesen Entschluss vorgeworfen hätte. Ich gebe den Gedanken an einen Rekord auf. Ich muss raus aus dieser Hölle, koste es, was es wolle. Aber das ist auf 65° Süd leichter gesagt, als getan. Der Radarschirm zeigt an, dass ich von drei neuen Growlern umzingelt bin. An Deck weht ein orkanartiger Westwind mit 60 Knoten. Es gibt kein Entkommen. Ich kann in diesem Minenfeld weder zurück nach Osten, noch weiter nach Westen segeln. Wenn ich beigedreht abwarte, riskiere ich zu nah an einen Growler zu geraten, die Wellen würden mich dann kurzerhand wie ein rohes Ei gegen das kalte Eis schmettern. Ich kann also fast sicher sein, dass es zum Crash kommt. Umso mehr, da die Meteorologen katastrophales Wetter vorhersagen. Das Einzige was mir bleibt, ist der Versuch, im Zick-Zack nach Nordnordwest zu entkommen. Wenn ich gegen einen Growler stoße, habe ich wegen fortgeschrittener Schmelze der Eisberge oberhalb der Wasserlinie zu 75 Prozent die Chance, ihn unterhalb seiner Wasserlinie zu erwischen, sodass der Wind mich nach dem Zusammenstoß noch wegtreiben könnte. So ein Unfall würde sich auf den Aufschlag beschränken, und mit den beiden wasserundurchlässigen Bordwänden vorne und dem Kollisionsschott kann die UUNET zwei Kollisionen durchstehen, bevor wir wirklich in Gefahr sind. Diese Lösung ist die vernünftigste und gibt mir außerdem die Hoffnung, das Abenteuer fortzusetzen, selbst wenn der Gedanke an den Rekord im Augenblick nicht wichtig ist. Im Moment muss ich nur zusehen, dass ich hier wegkomme.

Am Samstagmorgen, dem 26. Februar, beginne ich nach einer endlosen Nacht in einem Feld von Growlern meine lange Fahrt gen Norden. Das Großsegel ist an der Saling etwas eingerissen, und wenn ich es nicht nähe, könnte das Segel von oben bis unten einreißen. Ich berge also das Groß, steige auf den Baum in das gefallene Tuch und rolle mich zum Schutz gegen die Kälte in das Segel ein. Bei dem Frost ist es keine Kleinigkeit, eine Nadel zu halten! Nach mehr als einer Stunde ist die Reparatur bei hohem Seegang und mehr als 50 Knoten Wind beendet. Meine Finger sind steif gefroren. Ich tauche sie mehr als eine Viertelstunde lang in warmes Wasser, damit ich sie wieder bewegen kann.

Auch am nächsten Tag finde ich keine Ruhe. Der Sturm kommt immer noch aus Westen. Die Ballasttanks sind gefüllt, um der UUNET mehr Stabilität zu verleihen. Mit den vier Tonnen Ballast, zwei auf jeder Seite, liegt das Boot ein wenig träger in dieser hohen und chaotischen See. An einigen Stellen lässt der feuchte Schnee die Takelage gefrieren. Diese Eiskruste um Mast und Wanten beschwert die Aufbauten, und wenn ich nicht aufpasse, kann uns das trotz der gefüllten Ballasttanks zum Kentern bringen. Deswegen berge ich alle Segel.

Der Wind nimmt weiter zu. 70–80 Knoten. Ein ausgewachsener Orkan. Die See ist aufgewühlt, abscheulich, schlägt wütend gegen den Rumpf. Alle paar Minuten wird das Deck überspült, und selbst auf allen Vieren sind die Manöver gefährlich. Ich liege schon wieder beigedreht, von unzähligen treibenden Eisbergen bedroht. Die Brecher rollen über das Deck, wie ich es nie zuvor erlebt habe. Durch die zahllosen Erschütterungen haben sich die Steuerseile aus dem Ruderquadranten gelöst. Die Reparatur ist bei der aufgewühlten See nicht einfach – meine Finger bleiben zum Glück heil. Der Nebel ist trotz Orkan so dicht, dass ich buchstäblich nichts sehe.

Es ist ein Wunder, dass ich noch lebe. Man kann hier nicht mehr vom Segeln sprechen. Es ist ein Kampf ums Überleben. Höchstens zehn Minuten kann ich an Deck bleiben, dann frieren mir die Augen zu.

Bisher habe ich im Boot nie Angst gehabt, aber jetzt muss ich zugeben, dass das Essen nicht recht rutscht. In höchster Not bin ich mehrmals hintereinander an Deck gestürzt, als Growler vier Meter von der Reling entfernt vorbeiglitten, wie Autos auf einer Landstraße. Einmal bin ich aus dem Schlaf aufgeschreckt und sah, dass ich schnurgerade auf ein mehr als 100 Meter langes Ungetüm zufuhr. In meiner Situation muss ich mir klarmachen, dass es gut gehen kann oder auch nicht. Ich kann nur hoffen. Zu allem Unglück hat mir Pierre Lasnier beim mittäglichen Gespräch mitgeteilt, dass nördlich von meiner Position die Aussichten noch schlechter sind. Windstärken von 80 bis 100 Knoten sind vorhergesagt, und in wenigen Tagen werden drei Orkane aufeinander folgen. Ich sitze in der Falle! Zwischen Growlern im Süden und Stürmen im Norden. In diesem verminten Terrain ist es reiner Wahnsinn, weiter nach Westen zu segeln. Die naheliegendste Lösung ist, nach Osten zu fahren. Aber ist das wirklich vernünftiger?

Drei Orkane und ein Zittern in der Stimme

Dienstag, der 29. Februar, 60° Süd. Ich treffe auf den ersten der drei Orkane. Um den Windstärken von 80 bis 100 Knoten taktisch aus dem Weg zu gehen, könnte ich mich nach Südwesten, im Zentrum des Orkans, in Sicherheit bringen. Allerdings sind dort auch wieder mehr Eisberge. Jedes Telefongespräch zerstört ein bisschen mehr meine Hoffnung auf Wetterbesserung. Pierre Lasnier hat nicht mehr den Mut, mir mitzuteilen, was er auf seinen Karten sieht. Ich höre das am Zittern seiner Stimme. Aber ich weiß, dass er die größten Anstrengungen unternimmt, um mich hier herauszuholen. Schließlich sagt er mir, dass der dritte Polarorkan von einem von Norden kommenden Zyklon angetrieben wird …

Ich bin völlig ausgebrannt und kann wegen der bedrohlichen Eisberge nicht mehr schlafen. Vorhin bin ich wieder einmal knapp einer Katastrophe entkommen. Ein Eisberg ist an der Reling vorbeigezogen, und ich habe ihn wegen der zugefrorenen Bullaugen erst bemerkt, als er achteraus im Kielwasser schwamm. Da ich weiß, was mich bis zum Wochenende erwartet, kann ich nichts tun als durchhalten und versuchen, die Kontrolle über die UUNET zu behalten. Stunde um Stunde vergeht, eine gleicht der anderen. Ich segle jetzt nur mit dem Großsegel bei einem Wind von 40 Knoten. Ein heftiger Schneesturm und eisiger Wind lassen die ganze Takelage gefrieren. Die Eisschicht wird sichtbar dicker. Ich spüre, wie das Boot schwerer wird und gefährlich schlingert. Mit einem Hammer bewaffnet gehe ich an Deck, um gegen die Wanten zu schlagen. Die Eiskruste bricht sofort zusammen, außer an der Luvseite des Mastes. Doch bei einer nächsten Welle löst sich der Rest der Eishülle, die schwer an Deck stürzt und es an mehreren Stellen beschädigt. Ich denke an die Drei- und Viermaster vergangener Jahrhunderte mit ihrer damaligen Ausrüstung und deren Qualen, die weit entfernt waren von den schönen, romantischen Erzählungen. Das Leben eines Seemanns ist leichter zu beschreiben als durchzustehen. Ich glaube, dass das Meer der härteste und absurdeste Lebensraum ist.

Ich sitze am Kartentisch, als ich plötzlich einen entsetzlichen Stoß seitlich am Rumpf verspüre. Die UUNET hebt sich aus dem Wasser. Ich muss mich mit beiden Händen am Tischrand festhalten. Der Rumpf hängt einen Moment in der Luft, fällt zurück und stürzt mit unerträglichem Krachen hart in ein Wellental. Ich krieche ans Bullauge. Der Mast schwankt, wird von den Wassermassen durchgeschüttelt, steht aber noch. Bei dieser See kann ich nicht einmal den Bootsboden von innen inspizieren. Es wäre ein Wunder, wenn nichts kaputt gegangen ist.

959 Millibar ...

Samstag, der 4. März. Das Leben an Bord kann ich nur liegend ertragen. Ich habe das Gefühl, nicht ich selbst zu sein, wie eine Larve zu leben. Ich habe aufgehört zu denken. Ich segle und leide. Die Stunden vergehen, ein Tag folgt auf den anderen – Wellenberge, Wellentäler, eisiger Wind, große und kleine Eisberge. Seit dem 22. Februar habe ich etwa 50 dieser weißen Riesen gesehen. Das Barometer ist auf 959 Millibar gesunken. Seit ich zur See fahre, sehe ich zum ersten Mal einen solchen Tiefstand. Nach und nach komme ich in höhere Breiten, aber unter welcher Anstrengung! Unbeschreiblich. Ich bin völlig ausgepumpt. Obwohl ich mich auf 58° Süd befinde, schwimme ich immer noch in einem Friedhof aus Eisbergen. Es schneit, und schwere See kommt von vorne. Und als hätte ich nicht genug Probleme, fallen beide Selbststeueranlagen gleichzeitig aus. 20 Minuten brauche ich, um in den Heckraum zu gelangen. Es kostet mich den ganzen Nachmittag, um den Fehler zu finden, wobei man sich kaum aufrecht halten kann. Ich sehe, dass sich die Verstärkungsplatte des Steuerbord-Backstags gelöst hat. Sicherlich durch die Sturzseen von gestern. Wenn das Backstag mit der Verstärkung abgeht, dann verliere ich den Mast, dann wäre es auch etwas zugig unter Deck. In dieser Gegend wäre das wirklich das Ende! Es grenzt sowieso an ein Wunder, dass der Spargel noch steht.

Während ich auf dem Radar das Echo mehrerer Eisberge überwache, lässt mich ein schabendes Geräusch an Deck auffahren. Durch das Bullauge sehe ich, wie das Fockstag mitsamt der Fock abhaut. Löst sich das Rigg jetzt doch in seine Bestandteile auf? Der Bolzen, mit dem das Stag und der Hals befestigt sind, ist aus seiner Halterung gesprungen, der Vorstagspanner ist verbogen. Unter großer Gefahr fiere ich das Fall und berge auf dem total vereisten Deck das Segel. Bergsteigerstiefel mit Krampen wären jetzt angebracht. Zwei Stunden später ist die Fock wieder gehisst, der Vorstagspanner wieder gerade gehämmert, und ein neuer Bolzen ist angebracht. Meine erfrorenen Finger verbringen danach 20 Minuten im warmen Wasser. So langsam gewöhnen sie sich an die Kälte.

Am nächsten Tag segle ich unter Sturmfock bei schwerem Sturm aus Norden von mehr als 50 Knoten an einem kilometerlangen Eisberg entlang. Er ragt mehr als 200 Meter über die Wasseroberfläche. Ein ganzer Schwarm von zerstreuten kleineren Eisbrocken begleitet ihn. Auf 54° Süd treiben meist große, isolierte Eisberge herum und nicht mehr die vielen Growler der südlicheren Breiten. Inzwischen hasse ich die Eismassen nicht mehr, denn ich habe resigniert.

Auch mein körperlicher Zustand ist nicht gut, ich bin erschöpft und habe die Wachen satt. Für jedes Manöver brauche ich doppelt so viel Zeit wie sonst. In meinen Schlafphasen erhole ich mich sehr viel langsamer. Also schone ich mich und spare Kraft. Ich krieche auf allen Vieren über Deck, denn ich weiß, dass ich nicht mehr die nötigen Reflexe für Gefahrensituationen habe. Ich versuche nur noch mein Leben zu erhalten. Der Körper stärkt jetzt meine Stimmung. Würde mein Körper zusammenbrechen, wäre auch meine Moral total am Ende.

Meine Unruhe der letzten Tage ist einem gewissen Fatalismus gewichen. Es ist keine Wetterverbesserung in Sicht. Im Gegenteil! Der Zyklon Leo braust direkt auf uns zu. Andererseits kann ein kleiner Wirbelsturm nach den drei Orkanen, die ich hinter mir habe, nicht mehr viel Unheil anrichten. Darüber kann ich eher lachen. Eigentlich müsste mir Pierre Lasnier noch ein schönes Wasserbeben mit Flutwelle ankündigen, damit mein Repertoire an Erfahrungen auf dieser Reise vollständig wäre. Aber selbst das könnte mich wohl nicht mehr schrecken: Die hohen Wellenberge, mit denen ich mich seit 14 Tagen herumschlage, haben mich auf alles vorbereitet.

Mittwoch, der 8. März. Das Wasser hat 8 °C, es wird wärmer. Ich bin auf 53° Süd und nehme an, dass ich die Zone der Eisberge hinter mir gelassen habe. Seit Kap Hoorn hatten die UUNET und ich nur einen einzigen Tag vernünftiges Wetter. Obwohl weiter starker Seegang herrscht, kann ich während einer kurzen Wetterbesserung das Boot auf Schäden durchsehen: Das reparierte Backstag hält, es hat sich nichts mehr abgelöst. Die elektrischen Anschlüsse der zweiten Selbststeueranlage haben, genau so wie die der ersten, unter der Feuchtigkeit gelitten, und ich repariere sie so schnell es geht. Als ich aus der Last komme, sehe ich 100 Meter recht voraus einen Growler, so groß wie ein Haus, der direkt auf mich zukommt. Schon wieder! Ich springe ans Ruder, und das Monstrum zieht in nur 20 Metern an mir vorbei. Wenn die Reparatur 30 Sekunden länger gedauert hätte … Ich sehe, wie Wellen in die kleinen Nischen der Steilwand laufen und dort zerschlagen. Hoffentlich ist dies der letzte Eisberg, den ich treffe! Die See ist die schlimmste Hure, die ich kenne!

Im Auge des Zyklons

Donnerstag, der 9. März. Leo kommt näher. Der Himmel ist dunkler als je zuvor. Die ganze Nacht gießt es in Strömen. Die See benimmt sich wieder einmal chaotisch. Der orkanartige Sturm bläst mit mehr als 60 Knoten und bringt die UUNET zweimal fast zum Kentern. Das Innere des Bootes ist danach in einem unbeschreiblichen Zustand. Die heftigen Stöße haben die Nahrungsmittelbehälter aus ihren Halterungen gerissen. Reis hat sich auf dem Boden verteilt. Ich kann nichts aufräumen, denn wenn ich mich nicht mit beiden Händen festhalte, knalle ich bestimmt irgendwo gegen.

An Deck ist selbst die Sturmfock buchstäblich explodiert. Ich wechsle sie aus, dabei wird das Deck ständig von Gischt überspült. Das Boot krängt unter brutalen Windstößen, die mich jeden Moment über Bord gehen lassen können. Ich bin überzeugt, dass ich das Gleichgewicht nur halten kann, weil ich schon viel auf Pferden geritten bin.

Plötzlich hört der Sturm auf. Der Zyklon hat alle Luft weg gepumpt: Seegang ohne Wind, das bedeutet Schlingern und Stampfen ohne stabilisierenden Winddruck in den Segeln. Ich gehe schlafen, denn ich kann mich kaum noch aufrecht halten.

Als ich aufwache, sind mein Augen so verquollen, dass ich sie kaum aufkriege. Sechs Stunden ununterbrochener Schlaf kommen mir vor wie eine Ewigkeit. Mein Geist ist benommen nach so viel Erschöpfung. Es ist wieder etwas wärmer geworden. Ich führe Bordtagebuch, damit ich mich später erinnern kann und nicht verrückt werde (heute ist der 10. März, ich bin auf 50° Süd). Das Meer hat sich inzwischen beruhigt und kräuselt sich sanft. Ich setze das Großsegel, ein Manöver, das ich lange nicht mehr ausgeführt habe. Auch die Genua »lüfte« ich. Ein südlicher Wind schiebt uns nach Westnordwest. So langsam nimmt das Segeln wieder normale Formen an. Aber für wie lange?

Ich hätte darauf wetten können: Ein riesiges Tiefdruckgebiet überfällt uns, geschoben von Mona, einem zweiten Wirbelsturm, der dieselbe Route nimmt wie Leo. Wenn ich jetzt nicht da wäre, wo ich bin, würde ich das Ganze für einen üblen Scherz halten. Aber schon stürzt das Barometer ab, und ich muss die Segelfläche verkleinern. Am Sonntag, den 12. März, kriegen die UUNET und ich die erste Abreibung. Mona überfällt uns am Montag. Einmal mehr beschließe ich, in ihrem Auge Schutz zu suchen, wo die Windstärke 60 Knoten nicht übersteigt. Und einmal mehr erweist sich diese Taktik, die ich zusammen mit Pierre Lasnier ausgetüftelt habe, als richtig. Sie erspart mir einen Orkan von mehr als 80 Knoten. Mona zeigt uns ihre ganze Kraft, aber ich muss sagen, dass sie mich nicht mehr beeindrucken kann, nachdem ich vor zwei Tagen Leo durchgestanden habe.

Zwischenhoch: Überlebt!

In den nächsten fünf Tagen gibt es keinerlei Wetterbesserung. Zyklon Mona ist zum tropischen Sturm geworden. Blitze durchzucken den Himmel, der schwarz ist wie Ebenholz. Wassermassen stürzen herab. Ich muss warten, bis sich am 15. März ein Nordost (ja wirklich: Nordost, Lasnier hat es dreimal wiederholen müssen) durchsetzt, sodass ich nach Westnordwest segeln kann.

Mona zieht vorbei, und ich kann die Genua sowie das Groß mit drei Reffs setzen. Ich bin ganz erstaunt, als ich sehe, wie der Speedometer 10, 13, 15, manchmal sogar 18 Knoten anzeigt. Der Rumpf stampft nicht mehr, und diese neue Art zu segeln erstaunt mich ein bisschen. Langsam reagiert auch mein Körper. Mir ist, als hätte ich einen langen Krankenhausaufenthalt hinter mir.

Die UUNET macht 260 Seemeilen nach Westen, und nachdem ich lange nicht mehr an den Wettkampf gedacht hatte, merke ich jetzt, dass ich bei meiner Fahrt nach Norden die Kurslinie von Mike Golding schneide. Ich habe immer noch vier Tage Vorsprung.

Die Stoppuhr kriegt also wieder Sinn. Angesichts der Tatsache, dass ich den Teufel ein bisschen zu sehr herausgefordert habe, ist das gar nicht so schlecht. Bleibt nur die Frage, wie meine treue UUNET das Ganze überstanden hat. Sobald es möglich ist, muss ich dringend eine Inspektion durchführen.

Hoffentlich bringt sie nicht zu viele böse Überraschungen ans Licht.

Langsam kommt wieder Leben an Bord. Am 16. März werde ich mit 308 Seemeilen belohnt, das beste Etmal seit dem Start. Das tut meiner Stimmung unglaublich gut! Unsere Position von 44° Süd und 171° West bringt mich der Datumsgrenze näher. Am Horizont in Richtung Norden liegt eine dicke Wolkenschicht über dem Südteil der Chathaminseln. Am nächsten Morgen fliegen Wasservögel um das Boot. Sie brüten wie Malamuken oder Albatrosse auf den nicht bewohnten Chathaminseln vor Neuseeland. Die flügelschlagende Horde hinterlässt Erinnerungen auf Segeln und an Deck, aber die Wellen, die die UUNET regelmäßig überspülen, waschen die Begrüßungsgeschenke schnell wieder ab. Diese Ablenkung tut mir unglaublich gut, und während der Wind etwas abnimmt, schäle ich mich nach fast einem Monat aus Stiefeln und Ölzeug: Meine Zehen sind in der Feuchtigkeit völlig verschrumpelt. Sie sehen scheußlich aus und schmerzen so, dass ich kaum laufen kann. Als ich vollends ausgezogen bin, zittere ich vor Kälte. Ich habe nichts auf den Knochen, mein ausgemergelter Körper gleicht dem eines Greises. Eine ausgiebige Meerwasserdusche und eine kräftige Abreibung mit Kölnisch Wasser möbeln mich auf. Ein sauberes T-Shirt …, und ich fühle, wie ich wieder auflebe.

Ein treibendes Fischernetz, das sich am Kiel verheddert hat, unterbricht meine Erneuerungs-Zeremonie. Ich kämpfe fast eine Stunde, bis die UUNET wieder frei ist und brauche zum Glück nicht zu tauchen. Die Sonne erscheint am blauen

Himmel, und die Wolkenlücke wird immer größer. Einige Stunden lang genieße ich ihre Strahlen ausgiebig.

Ich habe überlebt. Nach einem Monat im äußersten Süden bin ich unversehrt wieder aufgetaucht. Ich habe drei Wirbelstürme und zwei Orkane hinter mich gebracht, aber das war nicht das Schlimmste. Das Schlimmste waren die zwei Tage, die ich mit »verbundenen Augen« inmitten eines Minenfeldes verbracht habe. Ich habe 68 Eisberge gesehen. Das bedeutet statistisch, dass mindestens 50 weitere unbemerkt am Boot vorbeigezogen sein müssen. Das nenne ich Glück!

Nichts ist unzuverlässiger als das Glück. Normalerweise verbirgt es sich, wenn man es am dringendsten braucht. Ich lege nie mein Leben in seine Hände, aber in diesem Fall hat es das Glück gut mit mir gemeint, als ich zwischen den Eisbergen eingeklemmt war. Und es hat mich nicht im Stich gelassen. Ich glaube, jeder von uns hat ein Scheckheft mit Glückspunkten. Ich habe wohl schon allerhand davon verbraucht. Für die Zukunft ist mir klar, dass ich meinen Glücksvorrat im Süden aufgebraucht habe. Es wird deshalb wohl auch zwecklos sein, Lotto zu spielen. Noch bin ich weit von Brest entfernt und muss noch zwei Ozeane überqueren. Und das Schlimmste ist immer möglich.

Bad News

Ich dachte, ich hätte alle Schwierigkeiten hinter mir. Aber da hatte ich mich geirrt. »Iridium satellite network notify all service providers and customers that Iridium service may be discontinued as of 11:59 pm, March 17, 2000.« Die Nachricht ist kurz. Im Klartext heißt das: Das Fernmeldeunternehmen Iridium SLC ist pleite und kündigt die endgültige Abschaltung der von ihm betriebenen Satellitensender für Freitag, den 17. März um Mitternacht an. Seit meinem Sturz über den Kartentisch vor Kap Hoorn kann ich meinen Standard C nicht mehr benutzen. Das Iridium war meine einzige Verbindung zur Außenwelt. Was die Verbindung über Inmarsat anbetrifft, so werde ich erst querab von Australien wieder in ihre Abdeckung gelangen. Ab heute Abend werde ich also bis zum Kap der Guten Hoffnung von Informationen und Kontakten abgeschnitten sein.

Das ist doch unglaublich! Wie kann eine Fernmeldegesellschaft von heute auf morgen aufhören? Wie viele Menschen, die sich in den entferntesten Ecken unseres Planeten bewegen, auf Gipfeln, in der Wüste, an den Polen oder auf See verlassen sich auf ihr tragbares Iridium-Satelliten-Telefon als einziges Kommunikationsmittel, um ihr Leben retten zu können? Das ist so, als müssten Sie ohne Strom leben. Uns Iridium-Nutzern bleibt also nichts anderes übrig, als ohne Wetterbericht klarzukommen. Das heißt: Den Südpazifik und den Indischen Ozean muss ich ganz allein überqueren. Im Klartext: Ich verbinde mir die Augen und nehme wieder den

116

weißen Krückstock, der mir schon aus den Eisbergfeldern herausgeholfen hat. Nur weil eine private Gesellschaft (sicherlich wegen unfähiger Manager) pleite macht. Die Grausamkeit der Natur ist mir ehrlich lieber als die der Menschen oder der Aktienkurse ...

Das hindert mich nicht daran, die Datumsgrenze am 18. März um 15.45 Uhr auf 44° 15' Süd zu überschreiten. Am gleichen Tag feiern die UUNET und ich unseren 69. Tag auf See; in einem Chanson ist vom erotischen Tag die Rede, aber an Bord ist es leider schwierig, sich darauf einzustimmen. Für meine Psyche ist wichtig, dass ich mich von jetzt an der Heimat nähere. Ich mache heute sogar das längste Etmal seit dem Start, mit einer Spitzengeschwindigkeit von 24 Knoten. Man braucht viel Geduld, um den blöden Einrumpfbooten einige Seemeilen abzuringen. Im Westen geht prächtig die Sonne unter, während im Osten gleichzeitig der Mond aufgeht. Das habe ich lange nicht mehr gesehen!

Ich bin zwar schon auf 45° Süd, muss aber wieder etwas in den Süden zurücksegeln, um die Steward-Insel zu passieren. Außerdem wäre es gut, wenn Äolus sich ein bisschen verständnisvoll zeigte, denn im Augenblick erzeugt dieser Windgott orkanartige Böen von 50 bis 60 Knoten aus Südwest, genau von vorne.

Ein Lächeln am Ende der Welt

Sonntag, der 19. März. Nachdem ich nach drei sonnigen Tagen gut vorangekommen bin, tauche ich voller Abscheu wieder in ein Sturmtief ein: Zwölf Stunden lang liege ich beigedreht, bevor ich mit drei Reffs im Groß und der Sturmfock in Richtung Süden segle. Am nächsten Tag zwingt mich ein zweiter schwerer Sturm mit 50 Knoten aus Südwest, die Segel wieder wegzunehmen. Die Temperatur ist auf 11 °C gesunken. Das Barometer fällt schnell. Wieder eine Kriegserklärung. Das hätte ich mir denken können, denn die Tasmansee hat keinen guten Ruf. Ich werde mich wohl bis zum Kap Leeuwin im äußersten Südwesten Australiens nicht zu langweilen brauchen.

Zum Thema erfreuliche Nachrichten: Ganz zufällig habe ich herausbekommen, dass die Iridum-Gesellschaft SLC zwar ihre kommerziellen Aktivitäten beendet hat, aber die Verbindungen für alle Benutzer, die sich in Extremsituationen befinden, aufrechterhält. Zufällig heißt: Ich versuchte zum x-ten Male, meinen Telefonhörer zu reparieren, und wählte wie durch einen Reflex die Nummer von MétéoMer, wo mir, oh Wunder, vom anderen Ende der Welt eine bekannte Stimme antwortete. Wegen dieser Überraschung bin ich überhaupt nicht böse! Ich hatte mich schon auf eine erzwungene 40- bis 50-tägige Isolation eingestellt. Meine Freunde hatten schon befürchtet, ich hätte mich dieses sinnlos gewordenen Apparats entledigt. Die kennen mich ganz gut …

Während einer kurzen Wetterberuhigung repariere ich den Ruderquadranten, der sich gelockert hat. Kaum bin ich fertig, da hüllt mich dichter Nebel ein. Ich nähere mich der Foveaux Strait, die mit etwa zehn Seemeilen Breite den äußersten Süden Neuseelands und die Stewart-Insel voneinander trennt. Da im Süden der Stewart-Insel sehr starker Gegenwind herrscht, ist es besser, durch die Meerenge zu segeln, als südlich um die Insel herum. Leider ist die Gegend voller Steine und Untiefen. Ich besitze keine detaillierte Karte von diesem Teil der Welt, und da meine beiden Computer kaputt sind, muss ich sehen, dass ich mit meiner großen Karte vom Südpazifik klarkomme. Das wird mit meinem Tiefgang von 4,50 Metern nicht einfach. Ich denke da an meine erste Einhand-Weltumseglung 1987 mit der KRITER. Aber damals hatte ich keine 4,50 Meter Tiefgang.

In der Nacht zum 21. März erreiche ich die Einfahrt der Meerenge. Wie erwartet empfängt mich starker Gegenwind, der unter Land schwächer wird. Ich kreuze und kann nicht viel sehen. Mit Hilfe von Radar und Echolot versuche ich das Hauptfahrwasser zu finden. Überall sind kleine Inseln, manche haben einen Durchmesser von weniger als 20 Metern. Es sind hinterhältige Felsen, die mich zu großer Aufmerksamkeit zwingen. Es wäre doch schade, wenn ich den Kiel in dieser relativ ungefährlichen und flachen Passage verlöre, wo es doch während der ganzen Weltumseglung viel lohnendere Möglichkeiten gab, den Kiel zu verlieren, zum Beispiel in Wassertiefen von 3000 bis 6000 Metern. Meine

Furcht war unbegründet, denn ich habe überhaupt keine Schwierigkeiten, das breite Fahrwasser zu finden. Wind und Wellen beruhigen sich, je weiter ich vorankomme. Der Wind dreht auf Süd, und so kann ich direkt nach Westen segeln.

Der Tag bricht an, der Wasserweg wird breiter, und ich kann in der Ferne den Lichtschein von Bluff und Invercargill erkennen, den beiden Städten im Süden Neuseelands, deren Leuchttürme Wache halten und die Zufahrten markieren. Ich bin allein. Am Horizont ist kein Schiff zu sehen, was mich erstaunt, denn ich hätte gedacht, in der Nähe der Inseln etwas Leben anzutreffen. Während wir durch diese schwierige Landschaft segeln, schlafen die Wellen ein. Die UUNET gleitet durch das ruhige Wasser. Diese Sanftheit ist ganz schön ungewohnt. Entspannend – denn die Schiffsbewegungen und mein Gleichgewicht liegen nicht mehr miteinander im Kampf. Als schließlich noch der Duft von Erde herüberweht, bin ich restlos begeistert. Ein paar Kabellängen haben genügt, um alles zu verändern. Die wärmere Luft und der Geruch des nahen Landes setzen der wilden Feindlichkeit ein Ende, mit der ich in den vergangenen 34 Tagen leben musste. Das weckt in mir ein tiefes Glücksgefühl, eine Empfindung von Freude, deren Existenz ich völlig vergessen hatte. Es ist erstaunlich, welch beruhigende Wirkung das Land auf mich als Seefahrer hat, obgleich die Gefahr in Küstennähe oft am größten ist. Diese kurzen Augenblicke des Wohlbefindens setzen einen Schlußstrich hinter das verfluchte Südpolarmeer. Dieses werde ich in keiner guten Erinnerung behalten.

Fast bin ich erstaunt, an Bord eines Bootes, das noch in gutem Zustand ist, vor diesem Land am Ende der Welt zu segeln. Unter Deck ist wieder Ruhe eingekehrt: Ich höre nicht mehr das ständige Heulen, das mich in den südlichen Gewässern begleitet hat und auch nicht mehr die ständigen dumpfen Schläge gegen den Rumpf. Ich freue mich, dass ich aufrecht stehen kann, ohne mich festhalten und befürchten zu müssen, mit dem Schädel gegen die nächste Wand zu knallen. Welche Erholung! Es ist, als sei die Zeit stehen geblieben. Das merke ich vor allem daran, dass mein Overall nicht mehr wie ein ausgerenkter Hampelmann an der Decke rumschaukelt. Die Sonne geht auf ...

Dies ist wohl das erste Mal seit dem Auslaufen aus Brest, dass ich wirklich gerne auf dem Wasser bin. Trotzdem bleibe ich wachsam. In der Umgebung der Stewart-Insel, die jetzt eine halbe Meile an Backbord liegt, wimmelt es von Klippen. Sie ist völlig bewaldet und sieht so aus, als sei sie unbewohnt, wie ein Zufluchtsort für Robinson. Aber hinter einem Felsen taucht ein winziges Dorf mit einigen Holzhäusern auf. Ich sehe keine Straße, die dorthin führt. Plötzlich erkenne ich ein Boot. Es bringt sicherlich die wenigen Einwohner dieses Orts am Ende der Welt zur Arbeit nach Bluff. Der knatternde Seelenverkäufer macht einen Umweg und nähert sich mir. Sein Motor, der eine nette blaue Rauchwolke ausstößt, ist Beweis für pures Leben und verkündet wohl sein nahes Ende. Sicher kommen hier nicht viele vorbei! Sechs Männer beobachten mich neugierig. Sie fahren einmal um die UUNET herum, grüßen mich mit einem Lächeln, erstaunt, nur eine Person an Bord zu sehen, nehmen wieder Kurs auf Neuseeland und verschwinden im dichten Morgennebel. Wenn sie wüßten, wie glücklich mich ihr Lächeln gemacht hat ... Der erste Ausdruck von Menschlichkeit seit Kap Hoorn.

Innerhalb von zwei Stunden habe ich das letzte Stück der Foveaux Strait durchfahren, und vor mir öffnet sich die Tasmansee. Sogleich dreht der Wind nach Westen und erinnert mich daran (falls das nötig war), dass ich immer noch eine Weltumseglung gegen Strom und Wind mache, und dass dies kein Urlaub ist. Nachdem ich bis an ein Ufer gekreuzt bin und fast die Felsen am Rand des dichten Waldes berührt habe, nehme ich bei etwas abflauendem Wind Kurs auf Südwest. Die Ecke ist menschenleer. Ich erkenne weder Haus, noch Straße oder das geringste Anzeichen von menschlichem Leben. Ich bin am Ende der bewohnten Welt, und trotzdem bedeutet für mich, der ich aus der Antarktis komme, dieses Stückchen Land die Rückkehr in »unsere« Welt. Allein dass ich Bäume gesehen habe, hat mich dem menschlichen Leben innerlich näher gebracht. Die Nacht nimmt mich sanft auf, als wolle sie nicht, dass ich von einem Zwischenstopp auf diesem so nahen Festland träume. Nur die Nähe der beiden Felssporne der Solander-Insel, die am Ende der Bucht liegen und den Vögeln des Südens Zuflucht bieten, erinnert mich bei Einbruch der Dunkelheit daran, dass ich eben eine Küste gesehen habe.

Tasmansee

Ich bin nun am äußersten Ende Neuseelands und habe die
Hälfte meiner Weltumseglung hinter mir. Die zweite Hälfte
werde ich hoffentlich unter angenehmeren Bedingungen ab-
solvieren. Jetzt müssen wir erst einmal die Tasmansee durchfahren, die mich zum äußersten Süden Australiens und Tasmaniens bringen wird. Die Seeleute schätzen die Tasmansee
nicht sehr, denn sie ist hinterhältig und brutal, und Tasmani-
en, das ich, wenn alles gut geht, in fünf Tagen erreiche, ist eine Insel mit schlechtem Ruf. Von 1803 bis 1853 war die
Hauptstadt Hobart Strafkolonie für Abtrünnige, deren sich
das alte England und das neue, so puritanische Amerika ent-
ledigen wollten. Gauner, Diebe, Betrüger, Mörder, Vergewal-
tiger und politische Gegner wurden in das Land, das Abel
Janszoon Tasman 1642 entdeckt hatte, verbannt. Die Reise
war lang und gefährlich, und wer damals lebend ankam,
wusste, dass die Insel sein letzter Wohnort sein würde. Ständig vom Sturm umbraust, umzingelt von starken, eisigen
Strömungen, das Wasser von Haifischen verseucht, besaß
Tasmanien natürliche Barrieren, die den Gefangenen jede
Hoffnung auf ein angenehmes Leben raubten.

Von der Westküste Neuseelands, wo ich mich jetzt befinde, trennen mich noch 1000 Seemeilen von der australischen
Insel Tasmanien, die die Grenze zwischen Pazifischem und
Indischem Ozean bildet. Dieser Abstand ist für die Bewohner
zweier Länder, die sich aus tiefstem Herzen verabscheuen,
erforderlich: Die Australier bezeichnen ihre Nachbarn als

»fucking kiwis«, die jene wiederum als vulgäre »Kängurufresser« betrachten. Daher gibt es nicht viel Kontakt zwischen ihnen.

Eingeschlossen zwischen Neuseeland und der Ostküste Australiens öffnet sich die Tasmansee nach Süden zu der wüsten Unendlichkeit der südlichen Meere. Sie erstreckt sich nach Norden bis Neukaledonien und lässt im Nordwesten Platz für das Korallenmeer. Während ich die Karte studiere, ertappe ich mich bei dem Gedanken, einen Abstecher nach Norden zu machen, um mich zwischen all den Inseln zu verlieren, auf die ich niemals den Fuß gesetzt habe. Ich brauchte nicht mehr als eine Woche, obendrein unter angenehmen Bedingungen, um mich auf den Fidschi-Inseln zu entspannen, vor den Neuen Hebriden zu ankern, in Nouméa einen drauf zu machen und dann nach Westen in Richtung Torres-Straße zu fahren, die den Norden Australiens vom Großen Barriereriff trennt. Dann würde ich in aller Ruhe in Richtung Neuguinea segeln, dann nach Timor, Flores, Bali, Java, durch die Sundastraße (auf meiner alten Seekarte finde ich meine Wegpunkte von 1991 wieder, als ich auf der Route der Teeklipper gesegelt bin) nach Borneo … So viele zauberhafte Inseln …

Aber Scheiße! Die UUNET krängt auf wohlbekannte Weise, was mich dazu veranlasst, zu reffen und bei eisiger Gischt das Vorsegel zu wechseln. Und während ich im Geiste noch mit den vielversprechenden Namen beschäftigt bin, die mich eine Weile beglückt haben, steige ich, vermummt in den Overall, an Deck. Die Nacht wirkt finster und bedrohlich. Das Wasser ist kalt. Tropische Freuden ade! Die Tasmansee ist brutal und unberechenbar. Am Wind wettere ich heftige Böen ab, nehme alle Segel runter, kann wieder Sturmfock und Groß setzen. Dann flaut es plötzlich ab, sodass die UUNET den Rest der Nacht im Seegang hin- und herrollt.

In der Tasmansee wechselt die Windrichtung ständig. Weil hier warme Stömungen von Norden und kalte Strömungen von Süden aufeinander prallen, ist die See der reinste Hack. Sie ist unbeständig und anstrengend. Nachdem ich schon am ersten Tag mehrere Stunden Flaute bei fünf Meter hohen Wellen durchgestanden habe, nehme ich mir vor, weit nach Norden durch die Bass-Straße zu segeln, die Tasmanien und Australien trennt, um den Indischen Ozean zu erreichen. Aber die Wettervorhersage spricht für die südliche Route. Man kann hier jedoch nie sicher sein. In dieser Gegend treffen alle Wetterphänomene so schnell aufeinander, dass es schwierig ist, eine verlässliche Vorhersage für 48 Stunden abzugeben. Ich segle also zu meinem größten Vergnügen in Richtung Südostkap, zum äußersten Ende von Tasmanien. Endlich andere Breiten! Die Stewart-Insel, die ich gerade verlassen habe, liegt auf 47° Süd, während sich die Südspitze Tasmaniens auf 43° 30' Süd befindet. Zum Vergleich: Kap Hoorn liegt auf 56° Süd, während das Kap der Guten Hoffnung mit seinen 35° Süd das nördlichste der drei mysthischen Kaps auf der südlichen Hemisphäre ist.

4. Indischer Ozean

Malaria-Attacke

Am Montag, dem 27. März, umfahre ich nach heftigem Kampf in der Tasmansee endlich das Südostkap. Unter Großsegel mit zwei Reffs und Vorstagsegel segle ich auf kabbeliger, chaotischer See, die so schmutzig grau ist wie der Himmel darüber, in den Indischen Ozean und erreiche damit das dritte Teilstück meines Abenteuers. Der Indische Ozean, der sich über 6000 Seemeilen bis zum südafrikanischen Nadelkap erstreckt, ist in meinen Augen der schönste aller Ozeane. Seine Farben sind kräftig, und das durchsichtige Wasser, in dem sich der blaue Himmel spiegelt, erinnert mich an mein Mittelmeer. Es ist ein warmer Ozean, wo der Passat kräftig und regelmäßig wehen kann. Doch tauchen auch immer wieder unvorhergesehene Wirbelstürme auf: in Höhe der Insel Réunion, Madagaskar und der Straße von Mosambik sowie beim Kap der Guten Hoffnung, das auch »Sturmkap« genannt wird. Man kann sich dort also nicht auf stetige Winde, wie den Monsun im Norden, verlassen. Meine Weltumseglung gegen Strom und Wind ist also noch lange nicht beendet. Das heisst, ich brauche mir auf keinen Fall einbilden, das Schwierigste läge hinter mir.

Ich habe zwei Möglichkeiten: Entweder fahre ich, wie Golding, im Süden zwischen 48° und 40° Süd um das Hochdruckgebiet über dem Indischen Ozean herum; das bedeutet Gegenwind von 30–35 Knoten. Oder ich segle nach dem Passieren von Kap Leeuwin im äußersten Südwesten Australiens bis in den Norden der Hochdruckgebiete. Dieser Weg ist zwar länger, verläuft aber mit Wind und Strömung. Andererseits ist es der Weg, den auch die Zyklonen nehmen (einer verwüstet übrigens gerade die Küsten von Madagaskar und Mosambik, während sich ein zweiter südlich von Bali zusammenbraut, sich aber wohl nicht verstärkt). Da mir klar ist, dass ich auf der südlichen Route am Wind und gegen die große Westwindtrift auf keinen Fall schneller sein kann als Mike Golding, und da ich die UUNET kenne, entscheide ich mich für die »Nordroute«. Vielleicht ist das die unsicherste, aber unter günstigen Bedingungen wird es die beste Lösung sein. Ich nehme also Kurs auf in Richtung Nordwest, um das Südaustralische Becken bis zum Kap Leeuwin zu durchqueren, das 1660 Seemeilen vor mir liegt.

Leider will die Antarktis nicht in Vergessenheit geraten, und darum empfängt mich an diesem Dienstag, dem 28. März, ein Tief direkt am Eingang zum Indischen Ozean. Die Sturmfock und das Großsegel mit drei Reffs nehmen gemeinsam ihren Dienst wieder auf. Die See ist sehr grob. Der Wind pfeift, dreht ständig von Südwest über West nach Nordwest. Ständig wird das Deck von Gischt überspült. Den Rest des Tages bleibe ich beigedreht liegen. Meine Stimmung ist alles andere als gut. Am nächsten Tag heulen die Böen noch heftiger durch das Rigg. Ich versuche, nur mit Großsegel vorwärts zu kommen, aber die See ist so grob, dass ich zwischendurch immer wieder beidrehen muss. Ich bin erschöpft. Ich weiß nicht mehr, wo ich Schutz finden soll. Sogar im Liegen werden die Bewegungen der UUNET gefährlich. Alles tut mir weh, ich habe Muskelkater und meine Gelenke schmerzen. An Deck habe ich plötzlich das Gefühl, dass meine Beine unter meinem Gewicht nachgeben. Ich setze noch mit meinen restlichen Kräften die Sturmfock, krieche auf allen Vieren zurück ins Cockpit und dann sofort unter Deck. Als ich mein Ölzeug ausziehen will, verliere ich das Gleichgewicht. Ich schwitze heftig, im Kopf dreht sich alles, ich muss mich am Kartentisch festhalten, um nicht in Ohnmacht zu fallen. Ich lege mich hin und erkläre mir die extreme Erschöpfung durch das Leben in dauernder Feuchtigkeit, in der alles verfault. Trotz dieser Begründung bin ich beunruhigt, weil ich nicht verstehe, was hier mit mir passiert. Dann falle ich mit einem heftigen Fieberschub in einen komatösen Schlaf. Die UUNET setzt allein ihren Weg fort, am Wind, bei 30 Knoten aus Nordwest.

Zwei Stunden später, nach dem Aufwachen, geht es mir nicht besser. Meine Zähne schlagen aufeinander, ich zittere vor Kälte. Diese Symptome sind mir nicht unbekannt. Das sind doch Anzeichen von … Nein, das ist nicht möglich! Ich leiste mir mitten auf dem Indischen Ozean einen Malaria-Anfall. Unglaublich! Mit Malaria habe ich genauso wenig gerechnet wie mit einer Schwangerschaft! Trotzdem bin ich fast erleichtert, dass ich das Übel identifiziert habe. Auch wenn ich weiß, dass so ein Schub drei Tage dauert und dass ich kein Medikament zur Behandlung bei mir habe. Mein Arzt Marc Saramito hat mir eine Apotheke zusammengestellt, in der alles vorhanden ist, um einen Toten auferstehen zu lassen. Von meiner Malaria, einem 20 Jahre alten Souvenir aus Afrika, habe ich ihm nie erzählt. Rückfälle sind ziemlich selten, den letzten hatte ich vor zwei oder drei Jahren. Nun muss ich versuchen, das Fieber mit Aspirin zu senken, obwohl ich schon jetzt weiß, dass es nichts nützen wird. Allerdings kann ich mit Diantalvic die vom Fieber herrührenden Gelenkschmerzen lindern.

Draußen tobt der Sturm weiter, und ich liege halb tot auf meinem Bett, schwitze das Wenige aus, was ich noch auf den Knochen habe. Manchmal, wenn die Fronten vorbeiziehen, nehme ich mich gewaltsam zusammen und gehe raus, um einige Wenden zu fahren. Diese Manöver sind ziemlich gefährlich und erschöpfen mich, weil ich das Gleichgewicht kaum halten kann. Ich lebe in einem Trancezustand, nehme nichts mehr wahr: Später wird Christophe Hébert mir berichten, dass ich 40 Minuten lang mit ihm telefoniert habe. Er wird mir versichern, ich hätte ihn angerufen. Warum wohl? Ich weiß es nicht mehr. Während unserer Unterhaltung, die wohl gar keine war, habe ich nur mit großen Unterbrechungen fünf Mal den gleichen Satz von mir gegeben, nämlich: »Was habe ich eigentlich gesagt?«

In den beiden folgenden Tagen bringe ich respektable 172 bzw. 207 Seemeilen hinter mich. Die UUNET legt all die Seemeilen allein zurück, während ich vor Erschöpfung an die Koje gefesselt bin. Am Freitag, dem 31. März, geht das Fieber zurück. Ich schwitze weniger, bin aber immer noch sehr schwach und sehe aus wie ein verschrumpelter Greis, der sich an allem festhalten muß, um nicht hinzufallen. Mit Sturmfock und bei Winden aus Nord bis Nordost nähere ich mich dem 40. Breitengrad. Gegen Abend lässt der Wind nach, und ich brauche mehr als 20 Minuten, um ein Reff aus dem Großsegel zu nehmen. Danach zittere ich vor Anstrengung, sicherlich habe ich durch die Malaria drei bis vier Kilo abgenommen. Am nächsten Tag habe ich endlich das Gefühl, wieder zu mir zu kommen. Ich kriege wieder Appetit, ein Zeichen dafür, dass ich auf dem Weg der Besserung bin. Jetzt kommt auch wieder das schlechte Wetter zurück, hart am Wind und statt einer Erholung folgt eine neue Nacht mit viel Dresche, die ich in schwerer See ertragen muss.

Am Sonntag, dem 2. April, überschreite ich nach 43 Tagen in diesen verfluchten Breiten den 40. Breitengrad. Zwar bin ich noch ein bisschen benommen, aber die Malaria ist inzwischen nur noch eine schlechte Erinnerung. Am Tag darauf, nachdem ich diesen Breitengrad passiert habe, beruhigt sich der Wind auf 15 Knoten (mein Kumpel Albatros, der mir seit einigen Tagen Gesellschaft leistet, hat es schwer bei dem schwachen Wind), und die Höhe der Wellen nimmt ab. Abends gleite ich dann mit zehn Knoten Fahrt auf einem heiteren Ozean. Am 4. April morgens spielen einige Delphine am Rumpf. Nun fehlt nur noch ein kleiner wärmender Sonnenstrahl. Ich habe meine gute Laune wiedergefunden – und zwei Tintenfische liegen an Deck. Niemand will es mir glauben, aber ich versichere Ihnen, dass Tintenfische fliegen können. Ich sage das in vollem Ernst, denn während meiner ersten Weltumseglung 1987 auf der KRITER ist mir einer eines Nachts voll ins Gesicht geklatscht.

Der nächste Tag beschert mir ein großes Vergnügen: Ich kann den Gennaker setzen. Die Wassertemperatur steigt von 8 °C auf 21 °C. Ich lege Etmale zurück, die ich lange vergessen konnte: 238 Seemeilen, die zu den 212, 242 und 227 Seemeilen der vergangenen Tage hinzukommen. Bei diesen guten Nachrichten falle ich zehn Stunden in einen tiefen Schlaf und träume dabei intensiv. Beim Aufwachen sind meine Augen verschwollen, und ich habe Mühe, Morpheus' Armen zu entkommen. Es ist ganz ungewohnt, dass die UUNET nach all diesem Stampfen so leicht dahingleitet. Draußen zerschneidet das Kielwasser kerzengerade das tiefblaue, sonnenbeschienene Meer. Ja, die Sonne ist wieder da! Mein Kumpel Albatros fühlt sich in diesen Breiten nicht wohl, er ist wieder in den stürmischen Süden geflogen. Ich dagegen bin beglückt über dieses milde Wetter, das mich ans Mittelmeer erinnert.

Und jetzt eine Dusche! Der erste Eimer Wasser lässt meinen von der Anstrengung und Malaria ausgemergelten Körper erzittern, der zweite weckt die Lebensgeister, und der dritte muntert mich vollends auf. Eine zehnminütige kühle Abreibung unter der Sonne macht einen anderen Menschen aus mir. Endlich bin ich einfach Mensch. Was für ein Glücksgefühl!

Bootsinspektion oder alles ist feucht und verrottet

Mittwoch, 5. April, der 88. Tag auf See. Der Himmel ist ziemlich grau, die See kaum bewegt und das Wasser hat 21 °C. Kap Leeuwin ist 80 Seemeilen querab. Ich wundere mich immer noch, dass ich seit der Le Maire-Straße bei Kap Hoorn kein Schiff gesehen habe, obwohl ich mehrere Schifffahrtswege gekreuzt habe. Ich rutsche jetzt oberhalb der subtropischen Konvergenzzone entlang, in der Hoffnung, dass das Hochdruckgebiet den Südost-Passat verstärkt. Die beiden folgenden Tage könnten nicht besser sein, wir laufen neun bis zehn Knoten bei angenehmer See. Welcher Wechsel! Die UUNET gleitet leicht über das Wasser, und ich bin glücklich, dass mein Boot seine Eigenschaften als guter Schönwetter-Segler wieder entfalten kann. Ein erster fliegender Fisch!

Die momentane Ruhe ermöglicht es mir, das Boot von oben bis unten zu inspizieren. Die Bilanz fällt positiv aus. Die Segel, das stehende und laufende Gut, Mast und Baum – alles ist in tadellosem Zustand. Elektronik, Selbststeueranlagen und Autopiloten funktionieren. Der Kippkiel bereitet keinerlei Sorgen, und der Rumpf hat nicht gelitten. Es grenzt an ein Wunder, dass am Steven keine Spur eines Zusammenstoßes mit einem Eisberg zu sehen ist.

Louis Schlesser hat mir beigebracht, dass die Mechanik nichts vergisst: Während meines Aufenthalts im Südpolarmeer ist das Material weit über das Normale hinaus beansprucht worden, und darum muss ich mein Boot bis zur Rückkehr nach Brest schonen. Die Ablösung des Backstags an Steuerbord macht bisher keine weiteren Probleme. Zwischen Neuseeland und Australien habe ich es stark beansprucht; im Fall seines Bruchs und damit eines Mastverlustes, wäre ich nicht zu weit von einem Hafen entfernt gewesen, nämlich Hobart oder Sydney. Wenn ich alles während der beiden verbleibenden Monate auf See schone, müsste es eigentlich bis Brest halten.

Ich überprüfe die mechanischen Teile des Bootes: Motor, Filter und Entsalzungsanlage. Ich mache ein paar neue Spleiße, zuerst bei dem dritten Reffstander, der 24 Stunden rund um die Uhr in Aktion war. Ich reinige mit Süßwasser komplett das Innere der UUNET, das feucht und mittlerweile verrottet ist. Meinen Schlafsack hänge ich zum Trocknen in die Sonne. Und als ich das alles erledigt habe, gönne ich mir eine schöne Siesta im Vorsegel.

Zurück zur Normalität?

Als gegen Abend der Wind völlig einschläft, schimpfe ich auf das zu milde Wetter. Aber Äolus hat mich erhört. Endlich bequemt sich ein Westwind, dreht auf Südwest, dann auf Nordwest. Ich kreuze, wende, kreuze wieder gegen heftige Böen. Ich fluche, dieses Mal allerdings wegen des zu wilden Wetters! Das Reffen beginnt von vorne. Soll es denn auf dieser verdammten Weltumseglung keinen Frieden geben? Keinen einzigen Tag mit gleichmäßigem Wind! Allerdings kann ich bei diesen zahllosen Manövern (unterlegt von unterschiedlichsten, zum Teil ganz neuen Flüchen) zwischen 220 und 260 Seemeilen pro Tag zurücklegen. Das bringt immerhin eine freundliche Note in meine schlechte Laune.

Erst sechs Tage später, am 11. April, stellen sich östliche Winde ein, die zwar schwach, aber gleichmäßig wehen, und ich bekomme endlich wieder angenehmere Bedingungen. Die UUNET gewinnt ihren ganzen Schneid zurück: Sie läuft unter Groß und Spi gut bei diesem schwachen achterlichen Wind. Die Sonne erscheint wieder, die Wassertemperatur steigt auf 24 °C, das Wasser färbt sich tiefblau. Geräuschlos gleitet die UUNET über den endlich friedlichen Ozean. Selbst wenn die Strecke, die ich zurücklege, nicht rekordverdächtig ist, mache ich doch täglich 160 bis 200 Seemeilen. An Bord überkommt mich jetzt die ganz große Faulheit. Ich schlafe oft fünf Stunden ohne Unterbrechung und träume viel. Endlich kann ich einfach nur leben – mit dem einmaligen Glücksgefühl, allein auf See zu sein.

Diese Einsamkeit, die ich so mag, läßt alles tief in mir klarer erscheinen, von den schönsten Tagen bis hin zu den schrecklichsten Nächten. Das verfluchte Südpolarmeer liegt jetzt schon weit zurück, wie eine verblasste schlechte Erinnerung. Es kommt mir so vor, als war ich ein zum Tode Verurteilter, über dem das Fallbeil an einem dünnen Faden hing. Und daher genieße ich den Augenblick so intensiv wie möglich. Vor drei Monaten hat in Brest alles seinen Anfang genommen. Drei Monate, in deren Verlauf ich zwei extreme Winter und Sommer durchgestanden habe. Drei Monate, in denen ich von der nördlichen Hemisphäre in die südliche gesegelt bin, vom Äquator zum Polarkreis – ohne jegliche Fixpunkte. Drei Monate, die mir wie eine Ewigkeit vorkamen und jetzt nur noch eine schwache Erinnerung sind. Von jetzt an wird jeder ruhige Tag ein Freudentag sein, Freude über das Segeln in völliger Einsamkeit. Ich lese ein bisschen, schreibe dieses Buch, indem ich Ordnung in die Notizen bringe, und vor allem erhole ich mich. Der letzte Furunkel an meiner rechten Hand ist vernarbt. Ich habe zugenommen und Kraft gewonnen. Es tut mir überaus gut, in die Takelage und zur Mastspitze zu steigen. Wie schnell sich der menschliche Körper bei guter Ernährung erholt!

Ich mache bei dieser östlichen Brise einige Halsen. Schade, dass das Hoch nicht stärker ausgeprägt ist. Trotz der geringen Geschwindigkeit vergrößere ich meinen Vorsprung gegenüber Mike Golding. Wenn auch während meiner abenteuerlichen Überquerung des Südpazifiks der Kampf gegen meinen Gegner in den Hintergrund getreten war, so hat er in meinem Alltag seinen Platz wiedergefunden. Einen besonderen: Es vergeht kein Tag, an dem ich nicht Goldings Weg durch den Indischen Ozean studiere und mit meiner Position vergleiche. Bei jedem Telefontermin ziehen Pierre Lasnier und ich genaue Bilanz und besprechen die Wetterbedingungen der nächsten 24 Stunden. Jede Meile, die hinter mir liegt, ist eine Bestätigung für die in Brest getroffene Entscheidung, bei schlechtem Wetter den Kopf einzuziehen und bei gutem Wetter loszusausen. Seit meiner Ankunft im Indischen Ozean habe ich Mike Golding schon drei Tage abgenommen. Ideal wäre es, wenn ich das Kap der Guten Hoffnung mit zehn Tagen Vorsprung passieren könnte, denn dann hätte ich genügend Spielraum für den Fall von Windstille oder einer Havarie im Atlantik während der Fahrt nach Norden. Nach drei Monaten auf See habe ich bisher kein einziges Segel zerrissen, kein Fall oder Block ist kaputtgegangen, keine Schot gebrochen. Ich bin höchst zufrieden mit der Vorbereitung und dem Verlauf dieses Rennens.

Mein Tagesverlauf passt sich dem Rhythmus des afrikanischen Kontinents an, dem ich mich nun nähere. Die Nächte sind sehr warm. Heute, am Mittwoch, dem 19. April, dem 101. Tag auf See, versinkt die Sonne vor der Nase meines Bootes und verschwindet schnell in einer fantastischen Rotfärbung, während gleichzeitig der Vollmond hinter mir aufgeht und sich helle Sterne im Wasser spiegeln. Der Himmel wird immer dunkler, aber die Nacht kann sich nicht völlig durchsetzen. Im Widerschein des Mondes glänzen kleine Schaumkronen mit großer Leuchtkraft. Ein Teil der Nacht stehe ich nackt an Deck, beobachte die Milchstraße, lausche dem Rauschen des Rumpfes, der die Wellen zerschneidet. Delphine spielen am Rumpf, springen an Backbord und Steuerbord in die Höhe, beglücken mich mit ihrer Beweglichkeit und ihrer

Unbekümmertheit. Ich befinde mich 100 Seemeilen nördlich querab von den Kerguelen, mitten im Indischen Ozean, auf 69° östlicher Länge. Und bei dieser Feststellung schlafe ich unter freiem Sternenhimmel ein.

Verhängnisvoller Unterwasser-Flirt

Im ersten Morgengrauen springe ich voller Energie auf. Ich habe zwei Entschlüsse gefasst: Erstens will ich meine Alltagskost verändern und zweitens die Herausforderung annehmen, die mir das Meer seit langem stellt: einen Fisch fangen.

Wild entschlossen, dieses Mal erfolgreich zu sein, verschwinde ich unter der Koje an Steuerbord, wo ich ganz unten im Stauraum den einzigen Köder wiederfinde, den ich nicht vor zwei Monaten zusammen mit der Rolle und der Nylonschnur vor der Küste von Brasilien über Bord geworfen hatte. Um mich nicht wieder lächerlich zu machen, arbeite ich eine neue Taktik aus und stelle eine höchst anziehende Sammlung von Lockmitteln zusammen. Dafür versorge ich mich mit 50 Meter Kevlar (Stärke zwei, Widerstandskraft 500 Kilogramm) und einem aufreizenden Köder mit Nadelfuß und Latex-Lippenstift. Das Ganze wird an der Genua-Winsch befestigt (Tragkraft zwölf Tonnen) und am frühen Morgen ins Wasser gelassen, wenn die Fische mit pappigem Mund und halb offenen Augen noch nicht völlig wach sind. Alles ist an Ort und Stelle. Ich fühle, dass es dieses Mal klappen wird.

Plötzlich sieht der Fisch ein Boot vorbeiziehen, ein für diese Gegend ungewohnter Anblick. Unruhig beäugt er den eigenartigen Fremdling, als 40 Meter später der verlockende Köder auftaucht. Und da wirft er sich mit weit aufgerissenen Augen, aber noch müdem Geist, sexuell erregt und nur seinem Verlangen gehorchend, auf die Beute, mehr wegen des

roten Lippenstiftes als wegen ihres fischähnlichen Ausse-
hens. Aber kaum hat er sie geküsst, als er auch schon am An-
gelhaken hängt. Höchst erstaunt kann er dann bei zehn Knoten »Gleitfahrt« und einem Faden im Maul versuchen, die
Rute zu zerbrechen. Doch das Tier muss einsehen, dass es
sich getäuscht hat. Es surft auf dem Rücken und versucht sich
von der einst lockenden Maid zu befreien. Eine Hand dreht
an der Kurbel, während ich mit der anderen die Flamme unter der Bratpfanne anmache. Ha, Herr Guido d'Antibes, das
war ein neuer Versuch, Fische zu fangen, den kann ich ihnen
jeder Zeit vorführen und trete gerne das Patent an Sie ab! Als
endlich die in Filets zerlegte Dorade auf meinem Teller leuchtet, hole ich die CD von Bobby Lapointe hervor, dessen Chanson bald fröhlich durchs Cockpit schallt:

>»Die Fischmama
hat ganz runde Augen,
man sieht sie nie
mit hochgezogenen Brauen.
Ihre Kinder mögen sie,
weil sie so nett ist,
und ich mag sie
mit Zitrone.«

Ich habe zwar keine Zitrone, aber das Filet ist gut. Weil ich
schon gar nicht mehr wusste, wie frische Nahrung schmeckt,
verzehre ich die ersten Happen voller Genuss. An diesem
historischen Datum, am Donnerstag, dem 20. April Anno
2000, habe ich nach vier Weltumseglungen und etwa zehn
Atlantik-Überquerungen voller Stolz meinen ersten selbst gefangenen Fisch gegessen.

Bekanntschaft mit der Pottwalflosse

Ein Tag folgt dem anderen, und auf der Karte wird die Bleistiftlinie immer länger. Die Kurve krümmt sich bis auf 28° Nord, wo ich die links von mir liegenden Kalmen umfahren werde. Der Wind passt sich meinem Rhythmus an Bord an, er ist lässig. Seit langem sind keine Vögel mehr zu sehen, und nur zwei fliegende Fische sind an Deck gelandet. Wegen ihrer Unvorsichtigkeit haben die beiden ihr Leben in meinem Bauch beendet.

Am 20. April verlässt mich die Sonne, und schwere, schwarze Wolken bedecken den Himmel. Aus einem normannischen Dekor fällt warmer Regen. Er reinigt Segel und Tauwerk, die ganz steif vom Salz sind. Bald entdecke ich voraus die Rückenflossen von einem Pottwal-Pärchen. Mit acht Knoten nähere ich mich schnell den Verliebten. Monsieur ist so groß wie die UUNET, er misst mindesten 18 Meter. Madame ist kleiner und zierlicher. Er befindet sich genau voraus, und ich warte darauf, dass er mich bemerkt und verschwindet. Zu meiner großen Überraschung weicht er jedoch nicht von der Stelle. Im letzten Moment lege ich das Ruder hart Backbord und kann den beiden ausweichen. Vom Geräusch des Manövers verschreckt, legt er sich auf die Seite, sieht mich verstört mit einem Auge an und taucht schließlich ab. Ich sehe, wie sich sein riesiger Schwanz aus dem Wasser hebt, senkrecht aufsteigt und nur anderthalb Meter vom Boot schwer aufs Wasser schlägt!

Weil ich den Deppen gespielt habe, hätte ich bei der Größe des Tieres leicht den Kürzeren ziehen können. Es wundert mich aber doch, dass es nicht eher reagiert hat. Bin ich vielleicht auf den einzigen tauben Pottwal im Indischen Ozean gestoßen? Diese Meeressäuger sind bekanntlich mit wirksamem Sonar ausgestattet. Hat er geschlafen oder geträumt? Seine Freundin hat sich überhaupt nicht bewegt. Tatsächlich haben diese Tiere wenig natürliche Feinde, und sie sehen nicht viele UUNETs in ihrer Umgebung.

Feuer an Bord!

Das Wetter verschlechtert sich. Das Hoch macht irgendwo Urlaub und lässt mich hängen. Die klimatischen Bedingungen wechseln ständig. Aber seit meiner Abfahrt habe ich mich an solche instabilen, scheußichen Wetterlagen gewöhnt. Am Freitag, dem 21. April, kommt am frühen Nachmittag eine ganze Serie von heftigen Schauern auf. Begleitet von einem Wind, der dauernd Stärke und Richtung wechselt. Das verursacht eine schwierige See, in der sich die UUNET verrenkt, ausschlägt, sich schaumbedeckt aufbäumt, um sich einen Weg zu bahnen. Um Punkt zwölf Uhr habe ich einen Vorsprung von zehn Tagen vor Mike Golding. Eine andere schöne Feststellung ist, dass ich mein Kielwasser von vor zehn Jahren kreuze. Damals bin ich auf der Route der Teeklipper bei sehr viel besseren Bedingungen auf das Kap der Guten Hoffnung zugesegelt.

Am Samstag, dem 22. und Sonntag, dem 23., schüttelt mich die weiterhin unruhige See heftig durch. Trotzdem fliegen die Seemeilen schnell vorbei, und ich bringe täglich durchschnittlich ein Etmal von 240 Seemeilen hinter mich, in Böen bei Spitzengeschwindigkeiten von 23 Knoten. Der Himmel ist durchgehend bedeckt und wirkt bedrohlich. Das Wasser hat 24 °C und ergießt sich in Sturzseen ins Cockpit und über das Deckshaus. Ich lasse die Inseln Mauritius und Réunion 700 Seemeilen nördlich querab hinter mir und nähere mich Madagaskar, das ich am Ostermontag, dem 24. April, erreiche. Wir passieren die Küste in 300 Seemeilen Abstand, und ich bedaure, dass ich dort nicht Halt machen kann. Madagaskar ist eine Insel, auf der ich mich gerne einmal verirren würde.

Mir bleibt keine Zeit, meine Gedanken schweifen zu lassen: Ein allgemeiner Stromausfall unterbricht meine Überlegungen. Kaum habe ich mir klar gemacht, dass etwas nicht stimmt, da ist der Strom schon wieder da. Aber während ich die elektrischen Instrumente noch beobachte, gibt es eine weitere, 15 Sekunden dauernde Unterbrechung. Eigenartig! Ich prüfe, ob sich die Kabelschuhe an der elektrischen Schalttafel gelöst haben, aber alles ist in Ordnung. Es kann also nur an den Batterien im Motorraum liegen. Kaum habe ich den Lukendeckel geöffnet, da füllt sich die Kajüte mit beißendem Rauch. Feuer an Bord! Tastend öffne ich den Deckel der beiden Batterienkästen. Das positive und negative Kabel sind kurzgeschlossen und bilden einen eindrucksvollen Lichtbogen. Ohne Zögern packe ich zu, um sie voneinander zu trennen, wobei sich die Haut von der Innenfläche beider Hände löst. Ein Stoß aus dem Feuerlöscher, und das Problem ist gelöst. Beide Handballen sind verbrannt. Während sich der Rauch verzieht, steige ich an Deck, um mich um das Boot zu kümmern, das beigedreht in der See liegt.

Als der Tag zur Neige geht, sehe ich, dass überall Blitze das Meer erhellen. Vor mir versperrt eine nicht sehr vertrauenerweckende schwarze Regenfront den ganzen Horizont. Bevor ich mich dieser Störung widme, krieche ich auf allen Vieren zurück in den Laderaum, um die Batterien zu reparieren. Wenn ich alle elektrischen Geräte nur an eine Batterie anschließe, müsste das für ihr Funktionieren reichen.

Eine halbe Stunde später ist alles fertig, und ich mache mich für die Weiterfahrt bereit. Inzwischen ist es Nacht geworden. Voraus glüht die gesamte Wolkenbank, die von unglaublich starken, ständig sehr hoch weit über die Wolken hinaus aufflammenden Blitzen glutrot gefärbt wird. Ich habe überhaupt keine Lust, da hineinzugeraten und beschließe, den Durchzug der Schauer in der unangenehmen Dünung beigedreht abzuwarten. Ich nutze die Zeit, um im Logbuch festzuhalten, dass ich heute 300 Seemeilen bewältigt habe. Mit gutem Tempo nähere ich mich dem Kap der Guten Hoffnung, und ich hoffe, dass die Wetterbedingungen für die Umrundung des Kaps nicht zu schlecht sein werden. Dort hatte Mike Golding seine beste Durchschnittsgeschwindigkeit erreicht. Gott sei Dank habe ich elfeinhalb Tage Vorsprung.

Weltuntergangsstimmung

Während ich gerade mein Abendessen mit etwas Musik verschönere, legt eine plötzliche Bö das Boot flach auf die Backe. Ich stürze an Deck, um die Großschot zu schricken und die Genua einzurollen. Aber der Wind ist schon wieder eingeschlafen. Alle drei Sekunden wird der Himmel blutrot und erleuchtet die Umrisse der über mir liegenden Wolken. So etwas habe ich noch nie gesehen! Es ist außergewöhnlich beeindruckend und schrecklich zugleich. Vorsichtshalber stelle ich alle Geräte ab, unterbreche die Kontakte zu den Kabeln und ziehe mich in die UUNET zurück, weil ich nicht an Deck geröstet werden möchte. Jetzt schlägt zum ersten Mal ein Blitz ganz nahe am Boot ein. Mir wird plötzlich klar, dass in dieser weiten Öde einzig und allein wir die Blitze anziehen können. Verstört öffne ich alle Luken, weil ich gehört habe, dass man ein Fenster offen lassen muss, wenn der Blitz in den Kamin eines Hauses hoch in den Bergen einschlägt, damit er dadurch so schnell wie möglich wieder abziehen kann. Das Gewitter wird stärker. Die Hitze ist drückend. Das Schauspiel, das sich um mich herum abspielt, übersteigt jetzt mein Fassungsvermögen: Sintflutartige Regengüsse prasseln an Deck, und die statische Aufladung lässt die UUNET Funken sprühen. Ich höre, wie das ganze Schiff brummt und vibriert. Es erinnert mich an einen Trafo oder eine Hochspannungsleitung.

Diese verfluchte Regenfront will nicht vorbeiziehen. Die Blitze schlagen so häufig um uns herum ein, dass es mir vorkommt, als sei heller Tag. So stelle ich mir die visionären Bilder in apokalyptischen Schriften vor! Ich versuche, unter Ausnutzung der aufkommenden Brise voranzukommen. Ich stelle die Selbststeueranlage ein, weil ich nicht im Cockpit bleiben will. Ich habe den Eindruck, dass die Blitze aus dem Meer kommen, zum Himmel emporsteigen und in großer Höhe explodieren, nicht umgekehrt. Solange ich lebe, ist mir dergleichen noch nicht auf See begegnet. Diese Weltuntergangsstimmung hält die ganze Nacht an. Erst am Morgen werden die UUNET und ich plötzlich aus dieser Hölle herausgeschubst und finden uns nach wenigen Kabellängen unter blauem Himmel und einer leichten Brise wieder. Ich kann es kaum glauben. Ich sehe, dass sich die schwarze Masse hinter uns nicht von der Stelle gerührt hat. An ihrer Basis sprühen weiterhin tausend Explosionen, leuchtende Blitze, die sich hoch im Himmel verlieren. Ich hatte wohl doch noch einige Glückslose in meinem Heft.

Unterseeischer Vulkanausbruch

Diese Weltumseglung ist gnadenlos! Kaum bin ich dem Höllenfeuer entkommen, als ein starker Südwestwind mit brutalen Regengüssen über mich herfällt. Die See wird härter. Nachdem ich eine Stunde lang beigedreht gelegen habe, brechen die Wellen so heftig gegen den Rumpf, dass sie mich zur Flucht nach Norden zwingen, hin zur Straße von Mosambik. Zum ersten Mal flüchte ich während einer Wettfahrt. Die brechenden Wellen sind so kurz, dass ich mich gezwungen sehe, vor Topp und Takel zu lenzen, das heißt hinter dem Boot eine u-förmige Leinenbucht zu legen und vor Wind und Wellen ohne Segel abzulaufen. Und sogar mit dieser Leine mache ich in Spitzen 14 Knoten. Bloß nicht unterschneiden! ... Zeitweise liegt die UUNET, von Brechern überspült, völlig unter Wasser.

Der Morgen zieht auf über einer gischtigweißen Wasseroberfläche, und gleichzeitig wird der Wind nach dem Durchzug der Front etwas schwächer. Die Dünung kommt heftig aus Südwest. Vorhin bin ich – mit einem Vorsegel im Schlepp – mit solcher Gewalt gegen das Steuerrad aus Titan geworfen worden, dass es sich unter dieser Wucht verbogen hat. Als ich es wieder zurechtbiegen wollte, ist es abgebrochen. Jetzt liegt es auf dem Meeresgrund, und an seiner Stelle ist nur ein Stumpf zurückgeblieben. Erst wenn sich das Wetter beruhigt hat, will ich versuchen, ein Notsteuerrad aus Lattenstücken des Großsegels zu basteln.

Nachdem sich der Wind auf Nord eingependelt hat, wird

er wieder stärker, erreicht schnell 30, 35, gegen Abend sogar 40 Knoten. Bei der Dünung, die noch von vorne kommt, ist das Boot nicht einfach zu halten. Ich bleibe wachsam. Die UUNET sollte nicht zu schnell werden. Wenn sie mit ihrem flachen Rumpf auf die Dünung aufprallen würde, flöge der Bug auseinander. Aber ich segle endlich in die richtige Richtung und mache die ganze Nacht zwischen 14 und 20 Knoten. Plötzlich beruhigt sich die See. Und genau so unvorbereitet, wie ich in die Lage gekommen bin, ein wildgewordenes Boot zähmen zu müssen (das wie ein Ball im Sturm hin- und hergeworfen wurde), finde ich mich in einer totalen Flaute wieder.

Diese Weltumseglung hat dauernd neue Überraschungen für mich parat. Während des Telefongesprächs erfahre ich, dass der schreckliche Gewittersturm von gestern in Wirklichkeit ein unterseeischer Vulkanausbruch war! Jean-Louis Cheminet, der Leiter des vulkanologischen Observatoriums am Institut für globale Physik in Paris, hat dies bestätigt. An sich hat das Gebiet nicht den Ruf, vulkanisch aktiv zu sein, aber auf der Karte vom Meeresgrund sind drei Reliefs verzeichnet, bei denen es sich um bis dahin schlafende Vulkane gehandelt hat. Wahrscheinlich habe ich erlebt, wie einer davon erwacht ist. Zudem hat das seismologische Observatorium auf Réunion am 23. April um vier Uhr GMT eine ausgeprägte Aktivität im Südwesten der Insel festgestellt, bei der es sich durchaus um einen Vulkanausbruch gehandelt haben könnte. Nach Stürmen, Eisberg-Friedhöfen, Orkanen, Wirbelstürmen, Malaria nun also noch ein unterseeischer Vulkanausbruch. Außer dass ich mit der Takelage in eine ganz niedrig fliegende 747 geraten könnte, gibt es meines Erachtens nichts, was mir noch Neues zustoßen könnte.

Wohlgerüche und Monsterseen

Die Dünung ist gleichmäßiger geworden. Unterstützt von den vier Knoten des Agulhasstroms läuft sie lang aus. In einem Rutsch preschen wir bis querab von East London, wo mich der Wind plötzlich in einer entsetzlichen Dünung im Stich lässt. Zwischen 40 Knoten und gar nichts hätte Äolus eigentlich graduelle Unterschiede vorsehen können! Sein Verrat ärgert mich, denn ich hatte darauf gehofft, unter Ausnutzung dieses Windes das Kap der Guten Hoffnung auf direktem Weg erreichen zu können. Nun befürchte ich, dass die Umrundung des Kaps nicht ganz einfach werden wird.

Der Sturm hat mich einen Tag gekostet, und die Flaute, die ihn abgelöst hat, hat mir einen weiteren halben Tag geklaut, was meinen Vorsprung zu Mike Golding auf zehn Tage schrumpfen lässt. Bei der Annäherung an Port Elizabeth zwingen mich umlaufende Winde, ständig zu wenden. In der Nacht trägt der Wind tausend Wohlgerüche herüber. Nach all den Monaten ohne Landgeruch spüren meine Sinne alle Feinheiten dieser warmen Luftmassen auf, die mir das unvergleichliche Parfum Afrikas herüberbringen. Weil ich den Kontinent von einem Ende zum anderen durchquert habe, kenne ich sie gut. Der mit tierischen Ausdünstungen geschwängerte Geruch des Buschs zum Beispiel versetzt mich zurück in die Zeit an Land. Und während sich die Nacht über den rebellischen Indischen Ozean senkt, den ich bald verlassen werde, erkenne ich Steuerbord querab die Lichter von East London.

Da ich das Zeitgefühl verloren habe, kommt mir diese Teilstrecke kurz vor, dabei habe ich Tasmanien vor 34 Tagen passiert. Aber die Schwierigkeiten waren zuletzt so groß, dass der größte und weniger gefährliche Teil der Reise bedeutungslos geworden ist. Jetzt möchte ich schnell das Kap umrunden und den Atlantik hinaufsegeln. Die UUNET muss eigentlich langsam ermüden. Mein Körper und Geist sind bereits durch alles zermürbt, was ich durchgestanden habe. Ich warte schon ungeduldig auf den Südost-Passat hinter dem Kap der Guten Hoffnung und hoffe, dass das Hoch an seinem Platz liegt, damit ich auf dieser Weltumseglung endlich einmal angenehm und schnell segeln kann. Auch die eigentlich einfachen Teilstrecken haben mich nicht gerade verwöhnt.

300 Seemeilen liegen bis zum Kap Agulhas oder Nadelkap, dem südlichsten Punkt des afrikanischen Kontinents, vor mir. Das Kap der Guten Hoffnung liegt 100 Seemeilen nordwestlich davon. Ich hoffe, dass ich mit Hilfe des Agulhasstroms in weniger als zwei Tagen dort sein kann. Diese Strömung umfließt das Kap der Guten Hoffnung und das Nadelkap, wendet sich dann an der Küste entlang nach Norden und heißt dann Benguelastrom. Wegen seiner Stärke von drei bis fünf Knoten ist das Gebiet bei plötzlichem Gegenwind aus Süden und Westen äußerst gefährlich. Denn dann kann sich die See zu kurzen, bis 20 Meter hohen Monsterseen entwickeln. Das ist der einzige Ort auf der Welt, bei dem die Seekarten »Abnormal Waves« verzeichnen. Sie zeigen sich als außergewöhnlich schwere und steile See, die abrupt auftreten kann. Die ersten, die zu spüren bekamen, wie einmalig und entsetzlich steil sie sind, waren 1498 die Seeleute von Vasco da Gama bei der Rückkehr von ihrer ersten Indien-

fahrt. Drei Monate kämpften sie gegen den Wind von vorne, bevor sie endlich das Nadelkap und das Kap der Guten Hoffnung umrundeten und in den Atlantik gelangten. 1990/1991 habe ich selbst auf der Route der Teeklipper (Hongkong – London) genau vor Port Elizabeth einen schweren Südwest-Sturm erlebt und erinnere mich gut an den Tanz, den ich die ganze Nacht vor der Küste durchmachen musste. Ich habe überhaupt keine Lust, dasselbe noch einmal zu erleben!

Zäher Kampf im Hexenkessel

Noch so ein schlechter Streich! Wie damals. Ich nähere mich Port Elizabeth, der Südost-Spitze von Afrika und segle so weit wie möglich unter Land, um der gefährlichen küstennahen Gegenströmung zu entkommen. In der Nähe der Bucht nimmt der Wind geringfügig auf 30 Knoten ab. Je weiter ich komme, desto stärker wird der Wind und zwingt mich, die Sturmfock zu bergen und die Fahrt nur unter dem Großsegel fortzusetzen. Vor 20 Minuten, als ich unter der Küste war, betrug die Wassertemperatur 16 °C. Jetzt, wo der Meeresboden steil auf 200 Meter abfällt, ist sie auf 24 °C gestiegen. Die aufeinander stoßenden, unterschiedlich warmen Wassermassen verursachen mörderische Wellen und werden auf gefährliche Weise durch den launischen Wind verstärkt. Scheiße! Dieses blöde Kap wird mich wohl niemals vorbeilassen! Ich habe den Eindruck, dass über den Wellen weitere Wellen lagern. Von allen Seiten bricht die Kreuzsee über der UUNET zusammen. Die See ist nicht zu beherrschen, jedes Vorankommen äußerst schleppend.

Ich habe den Block des Backstags voll an den Kopf gekriegt, und nun ist das rechte Ohr matsch. Die Wunde hat tüchtig geblutet. Jetzt nässt sie nur noch ein bisschen.

Nachdem ich die ganze Nacht gekämpft und mehrmals gewendet habe, stelle ich am frühen Morgen nahe der Küste fest, dass ich nur acht Seemeilen geschafft habe. Der Leuchtturm von Port Elizabeth, den ich gestern Abend hinter mir gelassen habe, ist immer noch da und überzeugt mich von der Nutzlosigkeit meiner Anstrengungen. Da Böen mit mehr als 40 Knoten durch das Rigg pfeifen, ist es wohl das Beste, die schützende Bucht aufzusuchen. Als ich die Landzunge umfahre, sehe ich ein Dutzend Fischkutter in der Bucht vor Anker liegen, die auch schon auf ruhigeres Wetter warten.

Ich habe zweieinhalb Tage verloren! Da ich nicht dafür ausgerüstet bin, vernünftig zu ankern, bleibe ich in der von weißer Gischt bedeckten Bucht beigedreht liegen. Der Wind verdoppelt seine Stärke. Die Fluglotsen des nahen Flughafens registrieren Spitzenwerte des orkanartigen Sturms von 62 Knoten, 115 Kilometer pro Stunde. Der Tag vergeht, und ich warte geduldig. Eigentlich bin ich furchtbar zornig. Ich nutze die Gelegenheit, um meine alte Freundin gründlich zu inspizieren, finde aber nichts Unnormales. Sie ist hart im Nehmen, würde aber auch gerne bessere Tage erleben. Wenn da nicht dieses entsetzliche Wetter wäre, das anzudauern droht, würde ich diese 200 Seemeilen in kaum einem Tag zum Atlantik segeln. Meine Nerven liegen blank. Ich versuche zu schlafen, aber während draußen der orkanartige Sturm heult und das Boot regelmäßig auf die Backe legt, kriege ich kein Auge zu.

Plötzlich höre ich ein Motorengeräusch. Überraschung! Die Gesichter an Bord kommen mir bekannt vor. Es handelt sich um eine Mannschaft der THALASSA, die am Kap der Guten Hoffnung auf mich gewartet hat. Als sie gemerkt haben, dass ich nicht kam, haben sie mich in Port Elizabeth vermutet. Ihr Anblick weckt eigenartige Gefühle. Wir wechseln einige Worte, sie filmen, entfernen sich wieder und verschwinden zwischen den Hafenmolen. Meine Einsamkeit wurde durch dieses höchstens 20-minütige Zusammentreffen kaum unterbrochen.

Gegen Abend kündigt die Wettervorhersage eine Beruhigung für die Nacht an, daher bereite ich mich auf einen neuen Versuch vor. Das Hoch verlagert sich nach Norden, und ich habe keine Lust, gleich hinter dem Kap der Guten Hoffnung in der Flaute zu landen. Also kreuze ich ein letztes Mal vor den vor Anker liegenden Fischkuttern vorbei. Sie werden von den ersten Strahlen des Leuchtturms, der seine nächtliche Aufgabe beginnt, beleuchtet. Ich segle am Kap vorbei und finde sofort die mir wohlbekannten Zustände wieder: Die See geht hoch, der Wind erreicht Sturmstärke. Ich berge die Sturmfock und segle mit drei Reffs weiter, in der Hoffnung, dass sich das Ganze beruhigt. Ich befinde mich in der küstennahen Gegenströmung, das Wasser hat 15 °C, und jede Woge schlägt an Deck. Die kalte Strömung ist so mit Plankton gesättigt, dass ich bei jedem phosphoreszierenden Brecher das Meer erkennen kann – als sei heller Tag.

Je weiter ich in die leuchtende Nacht vorstoße, desto höher werden die Wellen. Als ich zum zweiten Mal versuche, den Kontinentalschelf auf 200 Meter zu passieren, dreht die Strömung in die Gegenrichtung, die Wassertemperatur steigt auf 24 °C, und die See wird unbefahrbar. Zweimal begraben die Brecher die UUNET unter sich. Ich habe das Gefühl, unter einem Wasserfall zu stehen. Das Boot legt sich immer wieder auf die Seite, gerät unter Wasser. Alles an Bord vibriert. Durch zerschlissene Dichtungen am Niedergang dringt Wasser unter Deck. Das Cockpit braucht mehrere Minuten, um leer zu laufen. Scheißwetter! Zum Glück war ich nicht an Deck. Weil ich nicht in diesem Hexenkessel bleiben kann, weil bestimmt irgendetwas kaputt geht, beschließe ich, zu wenden und wieder Schutz zu suchen. Doch als ich in die Nähe des verdammten Leuchtturms komme, flaut der Wind ab und dreht auf Süd. Trotz der noch hochgehenden See nutze ich die Gelegenheit und setze die Sturmfock, die mir ermöglicht, mit kleinen Kreuzschlägen an der Küste entlang vorwärts zu kommen.

Früh am Morgen verliert der Wind endlich an Kraft, und der Seegang nimmt schnell ab. Am Himmel vertreibt die Sonne die dicke Wolkendecke nach Osten. Die Genua nimmt sogleich ihren Dienst auf, und das Großsegel setze ich in seiner vollen Größe. Wie in diesem Teil Afrikas vorauszusehen war, entwickelt sich nach drei heftigen, aufeinander folgenden Wetterfronten die Ausbildung eines Hochs. Der Wind schläft völlig ein. Ich beschließe, unter Land zu bleiben, um die Thermik auszunutzen, weil ich genau weiß, dass weiter draußen völlige Flaute herrscht. Auf der Suche nach dem kleinsten Windhauch lerne ich sämtliche Buchten dieser Küste kennen. Meine Durchschnittsgeschwindigkeit ist nicht gut: Nach und nach schmilzt mein Abstand zu Mike Golding zusammen.

5. Wieder auf dem Atlantik

Geschafft!

Freitag, der 5. Mai. Für die 300 Seemeilen zwischen Port Elizabeth und dem Nadelkap brauche ich vier Tage. Morgens treffe ich auf Seehunde, die sich auf dem Rücken knapp unter der Wasseroberfläche ausruhen. Die UUNET stört sie kaum; mit Schwanzflossen und Schnauze in der Luft, liegen sie in dem fluoreszierenden, unglaublich ruhigen Wasser. Rund um diese Faulpelze herum sitzt eine Menge von Vögeln auf dem Wasser. Sie schnattern und diskutieren eifrig. Einsam und lässig segelt ein Albatros über die UUNET hinweg.

Mitten in der nächsten Nacht passiere ich das Nadelkap. Geschafft! Die berühmte Wende nach Norden, die ich seit Kap Hoorn ersehnt habe, symbolisiert für mich das Ende der südlichen Meere, des Leidens und der Plackerei. Ich bin frei! Mit der Umrundung der äußersten Spitze Afrikas komme ich endlich wieder in den geliebten Atlantik, den ich vor 80 Tagen verlassen habe. Mir ist, als träfe ich einen alten Freund wieder, einen Spielkameraden, dem man sein Unglück erzählen kann. Dieses Verhältnis habe ich nicht zum Indischen Ozean und erst recht nicht zum Pazifik. Der Eintritt in diesen wohlbekannten Ozean bedeutet auch einen ersten Sieg über die See, den ich nach tausend Opfern genießen kann. Große Schwierigkeiten liegen jetzt hinter mir, und vor dem Bug liegt Brest, 6500 Seemeilen nördlich von hier. Mit etwas Glück sollte ich mich ab Kapstadt in den Passat einklinken können. Ein gleichmäßiger Rückenwind, mit dessen Hilfe ich mühe-

5 Eine Karte vom Ende der Welt mit ein-
gezeichneten Routen – die südliche

Route verkürzt deutlich den Reiseweg
(graue Zick-Zack-Linie).

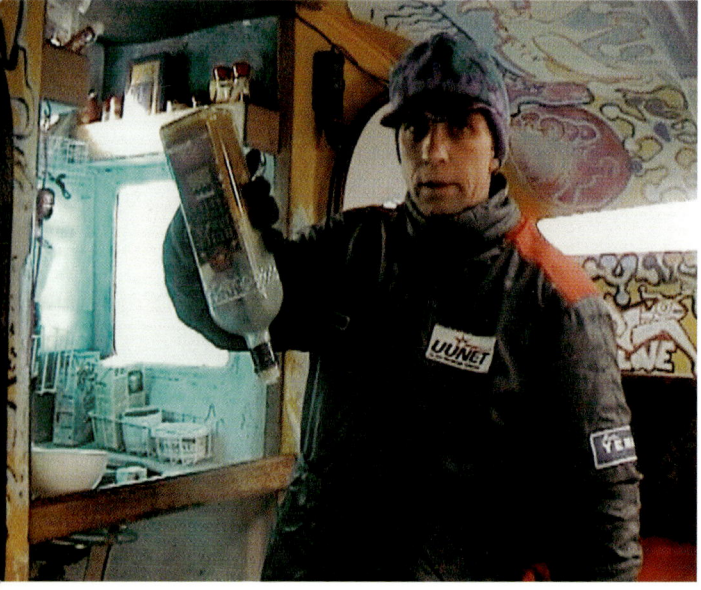

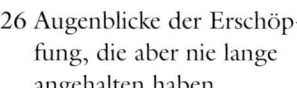

26 Augenblicke der Erschöpfung, die aber nie lange angehalten haben.

27 An Bord ist alles gefroren, sogar das Olivenöl, mein einziger Luxus.

8 Kap der Guten Hoff-
nung. Ich bin erleichtert,
als ich die Wende nach
Norden geschafft habe,
die mich fünf Tage ge-
kostet hat, aber jetzt liegt
der Süden hinter mir.

29 Wie zum Kap Hoorn sind auch einige Freunde zu meiner Begrüßung zum Kap der Guten Hoffnung gekommen. Zwar habe ich mir bei einem Brand der Batterien die Hände verbrannt, aber im Übrigen sind das Boot und ich in gutem Zustand und bereit, den Atlantik in Richtung Norden zu bewältigen.

30 Nachdem ich über den Kartentisch geschleudert worden bin, wobei beide Computer-Bildschirme zu Bruch gegangen sind, musste ich die halbe Reise ohne sie auskommen. Jetzt kommen die Seekarten zum Einsatz.

31 Das Steuerrad hat den letzten Sturm nicht überstanden.

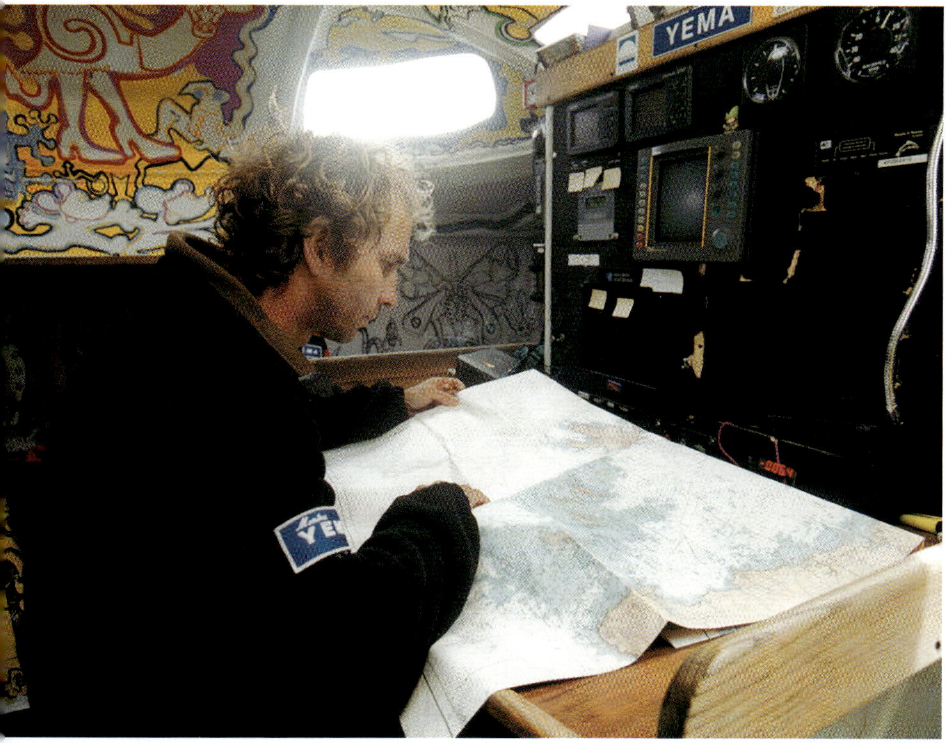

30

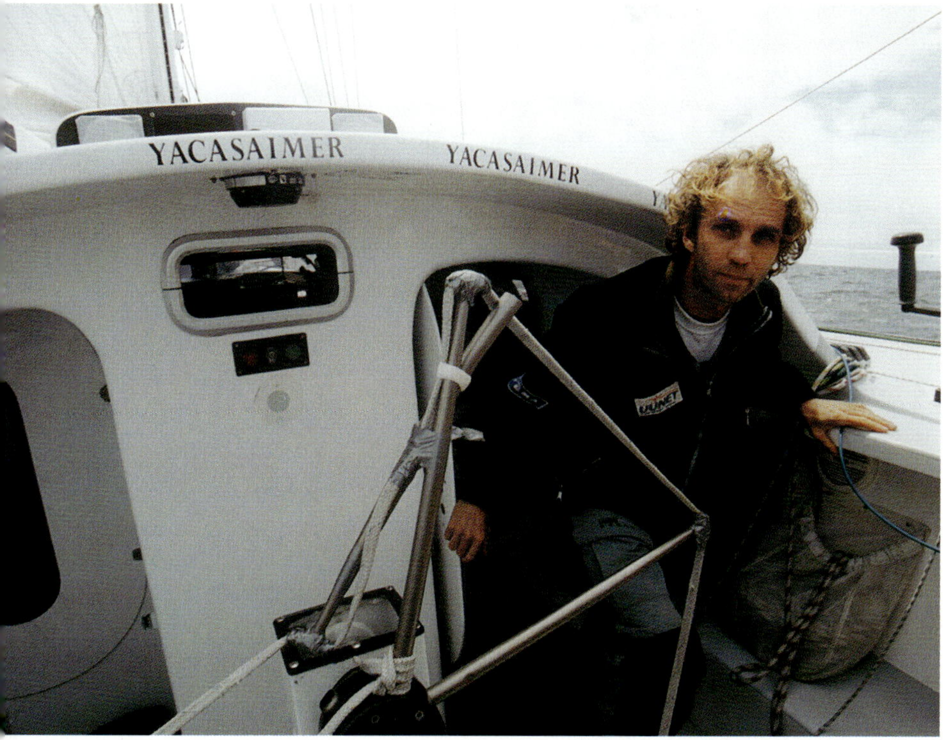

31

32 Olivier de Kersauson und
   ich. Zwei Freunde, die
   auch ohne Worte wissen,
   was der andere durchgemacht hat.

33 Nach 151 Tagen, 19
   Stunden, 54 Minuten
   und 36 Sekunden über-
   quere ich die Ziellinie.

34 Auch Gérard d'Aboville
   weiß, welche Anforde-
   rungen die Ozeane an
   Segler stellen.

35 Brest und ich: eine Liebesgeschichte ...

los bis zur Insel Sankt Helena und zum Äquator gelangen müsste.

Am nächsten Tag, am Sonnabend, dem 6. Mai, nähere ich mich dem Kap der Guten Hoffnung. Wie bei allen Kaps muss man bei der Annäherung vorsichtig sein. Hier prallen kalte Strömungen und Luftmassen einerseits und die vom afrikanischen Kontinent aufsteigende Hitze andererseits zusammen, was plötzliche, heftige Winde hervorrufen kann. Allein in der Bucht vor Kapstadt sind mehr als 300 Wracks verzeichnet.

Genau vor dem Kap der Guten Hoffnung kommen mir Christophe Hébert und meine Coco entgegen. Die See ist jedoch sehr unruhig, sodass wir uns nicht sehr nahe kommen können. Es ist schade, dass wir uns so nahe und doch so weit voneinander entfernt sind! Ich werfe ihnen meine Fotos und Filme rüber. Sie begleiten mich einige Minuten, dann verschwinden sie in der Abenddämmerung. Das kleine Licht ihres Bootes verliert sich langsam zwischen den vielen Lichtern des Kaps. Sie kehren zurück in die Stadt, die ich von mehreren Aufenthalten gut kenne.

Zum ersten Mal war ich 1987 im Rahmen meiner ersten Weltumseglung dort. Ein Stag war gebrochen, und wegen der Reparatur blieb ich drei Tage, bevor ich in die südlichen Meere vordrang. 1992, fünf Jahre später, war ich wieder in Kapstadt, dieses Mal per Auto. Als Navigator von Hubert Auriol hatten wir an dieser Küste meinen ersten Sieg im Rennen Paris – Dakar errungen, das in jenem Jahr am Kap endete. Das Ganze haben wir auf denkwürdige Art und Weise in den hintersten Winkeln der Stadt gefeiert. Mein dritter Besuch verlief nicht so festlich. Als eine Mannschaft unter der Leitung von Olivier de Kersauson hatten wir gerade den Versuch einer 80-tägigen Weltumseglung aufgegeben, nachdem unser Boot, die CHARAL, mit einem Eisberg zusammengestoßen war.

Plötzlich verlangsamt die UUNET die Fahrt und holt mich in den traurigen Alltag zurück. Da ich nicht weit von der Küste entfernt bin, denke ich sofort, dass sich ein Netz im Kiel verfangen hat. Aber es sind diese verdammten Algen mit acht Meter langen Fangarmen, die sich, wie vor Kap Hoorn, in Placken von den Felsen lösen. Sie sind so am Kiel und Skeg verheddert, dass ich sie trotz aller Anstrengung nicht entfernen kann. Während der Nacht kann ich unmöglich in diesem kalten Wasser tauchen. Es wimmelt von Haien, die Seehunde und Surfer lieben. Also ziehe ich mich in die schützende Hout Bay zurück. Dort gelingt es mir, die Algen – weit über Bord gelehnt – zu erreichen und sie mit einer Leine über der Winsch aus dem Unterwasserschiff hervorzuziehen. Nach diesen akrobatischen Übungen kann ich wieder den Kurs nach Norden aufnehmen.

Der Wind weht gleichmäßig mit 25 Knoten von Süden. Mit dem asymmetrischen Spinnaker und einem Reff im Großsegel lasse ich die Lichter von Kapstadt steuerbord achteraus liegen. Der Anblick ist großartig. Dieses Mal werde ich dort nicht Halt machen. Während ich in die nächtliche See hinausfahre und mögliche Einladungen zu ausschweifenden Nächten bedauerlicherweise hinter mir lasse, überkommen mich schwermütige Gedanken. Kapstadt verlassen bedeutet

auch, das lange Kapitel dieser Weltumseglung abzuschlie-
ßen. Mir ist, als sei eine große Veränderung eingetreten. Nach
dem 119. Tag auf See segle ich nun in Richtung Heimat, und
ich muss ernsthaft meine Chancen überdenken, ob ich den
Rekord von Mike Golding schlagen kann. Mir bleiben nur
fünfeinhalb Tage Vorsprung: Das bringt nicht viel, solange
ich nicht die Kalmen hinter mir habe. Der UUNET geht
es ziemlich gut, obwohl sie schlecht behandelt worden ist.
Takelage und Deck sind in gutem Zustand. Ich besitze noch
alle Segel, und mein Boot ist in der Lage, Spitzengeschwindigkeiten zu erreichen. Daher kommt es nicht in Frage, dass
ich mich der Schwermut hingebe. Der angenehmste Teil der
Reise hat außerdem gerade begonnen.

Sommer, Sonne, Wind

Während der ersten Tage im Atlantik weht der Wind unregelmäßig. Vor Namibia und Angola sind die Nächte weiterhin frisch. Jeden Morgen hüllt mich leichter Nebel ein. Eine kalte Strömung zieht die UUNET an der Küste Afrikas nach Norden. Am ersten Tag sind mir zwei etwas verlorene junge Albatrosse gefolgt, aber sie haben schnell begriffen, dass der Norden nicht ihr Zuhause ist. Ich bin traurig, als ich sie am nächsten Morgen nicht mehr sehe. Sie waren drei Monate lang Teil meiner Welt, und tief im Innern frage ich mich, bei welchem Abenteuer ich sie wohl wieder treffen werde.

Jetzt ist der Wind stärker und gleichmäßiger. Blauer Himmel zeigt sich. Das Wasser wird wärmer, steigt plötzlich auf 24 °C und nimmt ein tiefes Blau an, ein Blau, das angenehm nach tropischem Meer riecht. Herrliche Segelbedingungen, die besten nach meinem Start! Ich wußte kaum noch, was ideales Segeln bedeutet.

Der Spinnaker entfaltet sich, bietet mir ein wenig Schatten und spielt in der Dünung Versteck mit der Sonne. Meine Geschwindigkeit beträgt durchgehend zehn bis elf Knoten. Ich lebe in den Tag hinein und nutze die guten Wetterbedingungen. Ich gewinne wieder anderthalb Tage Vorsprung vor Mike Golding. Während meiner Mußestunden, die ich mir auferlege, schreibe ich und träume zu den Klängen der Bord-Diskothek vor mich hin. Die Stones, die Doors, aber auch Jacques Brel, Édith Piaf, Serge Gainsbourg, Bobby Lapointe,

Julien Clerc begleiten mich in meiner einsamen Träumerei. Während das Meer warm und anziehend am Rumpf vorbeigleitet, vermengt sich diese friedliche Stimmung mit dem Gedanken an die Maßlosigkeit, zu der das Meer fähig ist. Allein die See entscheidet, ob Geschichten geschrieben werden oder nicht. Geschichten, die aufgezeichnet werden und gleich wieder in den Wellen versinken, wie es tausenden von Menschen und Schiffen, Pionieren und Entdeckern mit unbekanntem Schicksal ergangen ist. In Büchern und im Gedächtnis bleibt uns ein lapidares »Ertrunken mit Mann und Maus«. Die UUNET und ich sind mit viel Glück davongekommen. So freundlich ist die See nicht immer, sie verlangt selbst dort, wo es relativ einfach ist, ständige Aufmerksamkeit.

Unter dem Spinnaker zieht die UUNET in Richtung Äquator, ich bleibe wachsam. Ich inspiziere wieder einmal das Boot, ohne etwas Beunruhigendes zu finden.

Die Insel Sankt Helena bleibt etwa 100 Seemeilen backbord querab liegen. Napoleon war während seiner Gefangenschaft sicher alles andere als zufrieden auf diesem Felsen, der einsam mitten im Atlantik liegt und auf dem nur wenige Bewohner leben. Einen Hafen gibt es nicht, auch keinen Schutz, keine Bucht, wo man ankern könnte. Ein Zugang zur Insel ist schwierig. Aber nach den Metzeleien, die der kleine Gefreite während seiner unterschiedlichen Herrschaftsperioden verübt hatte, war der Ort seiner Haft besonders gut ausgewählt, um Europa ein wenig Ruhe zu verschaffen.

Am 14. Mai segle ich westlich am Nullmeridian vorbei. Der Himmel ist häufig bedeckt, aber die Wassertemperatur steigt auf 29 °C. Mit jeder Welle erscheinen fliegende Fische. Morgens suche ich die unter den Segeln oder im Tauwerk verborgenen Kadaver. Sie verwesen so schnell, dass ein unerträglicher Fäulnisgeruch aufsteigt, sobald ich einen übersehe.

Ich nähere mich dem Äquator. Das Thermometer steigt. Am Kartentisch vertreibt ein Ventilator die Feuchtigkeit, die sich im Innern des Bootes ausbreitet, wenn ich nicht die vorderen Lukendeckel öffne und Durchzug schaffe. Abends schlafe ich meistens im Vorsegel ein. Leider überrascht mich jede Nacht eine hinterhältige Welle und zwingt mich, leise fluchend meine Koje aufzusuchen.

Worte vereinfachen zu sehr

Der abnehmende Mond steht im letzten Viertel und wirft tausend Glanzpunkte auf die sich endlos ausbreitenden Wellenkämme. Auf diesem Beet silbriger Blüten gleite ich in Richtung Äquator, den ich am 19. Mai überquere, nach 131 Tagen auf See. So bin ich also wieder in der nördlichen Hemisphäre angekommen. Was für Abenteuer haben die UUNET und ich durchlebt, seit wir diese Linie auf der Hinreise überquert haben! Jetzt bin ich zu Hause. Die letzte lange Strecke liegt wie eine Zielgerade vor mir. Sie ist das Ende einer Reise, die ich zehn Jahre lang geplant hatte.

Gerade habe ich mit Mike Horn gesprochen, einem anderen modernen Abenteurer, der seit dem 2. Juni 1999 den Globus auf der Äquatorlinie umrundet. Er wechselt zwischen Seefahrt und Fußmarsch durch Afrika, Amazonien, den Wäldern von Borneo. Er rief mich kurz aus dem Dschungel Sumatras an. Ich habe ihm geraten, den Indischen Ozean sehr vorsichtig zu überqueren, weil er in diesem Jahr besonders schwierig ist.

Wenn ich allein auf See bin, schätze ich Telefongespräche nicht sehr. Mit Frankreich sind sie auf bestimmte Tage und Stunden festgelegt (zweimal pro Woche), und so bin ich gezwungen, mit dem Zeitunterschied zu jonglieren. Außerdem ist es nicht sehr sinnvoll, wenn man in einem Manöver im Kampf gegen 60 Knoten orkanartigen Sturm oder beim Überlebenskampf inmitten von Eisbergen zum Telefon greifen muss. Ich bin weit vom Alltag an Land entfernt, sodass ich ganz einfach keine Lust habe, zu reden, weil ich nichts zu sagen habe. Ich habe nicht einmal den Wunsch, dass jemand meine Schmerzen teilt. Worte vereinfachen zu sehr, sie können die Lage des Seefahrers in dieser Wildnis gar nicht ausdrücken. In den antarktischen Gewässern bleibt dem Menschen nur seine Bedeutung als animalisches Lebewesen. Und diesem Teil des Menschen ist das Sprechen vergangen.

Aber manchmal braucht man Trost. Die Stimme eines Freundes oder eines vertrauten Menschen durchbricht die Einsamkeit, in die man jeden Tag ein bisschen tiefer eintaucht. So habe ich einige mit einem unerwarteten Anruf vom Ende der Welt überrascht. Kontakt zur Außenwelt habe ich auch über Kinder, die mir aus den unterschiedlichsten Ecken Frankreichs per Internet folgen. Als Kind träumte ich davon, Jean-Claude Killy zu treffen oder Eric Tabarly, mit dem ich später segeln durfte. Trotz meiner Abneigung gegen das Telefonieren widme ich diesen Gesprächen besonders viel Aufmerksamkeit, weil ich mir vorstelle, wie glücklich die Kinder sind, die direkt mit einem Menschen ihrer Träume sprechen können. An der Küste Afrikas habe ich ihnen von den fliegenden Fischen erzählt, bei Kap Hoorn von den Albatrossen. Im Eismeer beschrieb ich ihnen die Eisberge, am Kap der Guten Hoffnung die Seehunde, die sich auf dem Wasser ausruhten. Es macht mir unglaublich viel Freude, sie mit mir um die Welt zu nehmen, sie aufmerksam zu machen und vielleicht einigen von ihnen eine künftige Berufung zu geben. In der Weitergabe von Wissen und einem verwirklichten Traum liegt die Berechtigung dieser Weltumseglung.

Arche Noah

Je näher ich den Kalmen komme, desto stärker bezieht es sich. Der Wind schralt und nimmt etwas zu. Der Spinnaker, Gefährte vieler sonniger Tage, weicht der Genua. Eine erste Regenfront bringt Schauer, die eine durch aufgewirbelte Gischt entstandene Salzkruste von Deck wäscht. Bald zeigt sich eine bedrohliche Front mit Blitzen. Das meteorologische Zusammentreffen der beiden Hemisphären ist ziemlich brutal. Heftige Böen überfallen mich mitten in der Nacht und lassen die ganze Takelage erbeben. Das ist jetzt nicht der richtige Moment für Unaufmerksamkeit. Ein Fehler, und der Mast kommt runter. Ich bin ständig an Deck. Wieder beginnt der Kampf mit den Elementen. Ich schlingere pausenlos von einer Seite zur anderen, muss das Großsegel immer weiter reffen. Manchmal ist die See völlig außer Rand und Band, und dann wieder schlagen die Segel in der Flaute. Ein andermal setzen zwei unvermutet hereinbrechende Wellen das Cockpit taillenhoch unter Wasser.

Am nächsten Tag ergießt sich den ganzen Vormittag sintflutartiger Regen über das Boot. Diese Gelegenheit nutze ich, um meinen Schlafsack unter Wasser zu setzen. Sein Geruch ist ziemlich unerträglich, auch wenn ich mich schon daran gewöhnt habe. Ich hoffe, dass dieser Regen den Mief herauswäscht.

Am Sonntag, dem 21. Mai, segle ich in 300 Seemeilen Entfernung an den Küsten von Liberia, Sierra Leone und Guinea vorbei; ein bisschen weiter nördlich werden Senegal und Kap Verde vor Dakar folgen. Die ganze Nacht beobachte ich die Regenfronten mit ihren unaufhörlichen, heftigen Winddrehungen. Regenschauer stürzen herab, die Sicht ist gleich null. Will das denn nie aufhören?!

Erst nach drei Tagen unter diesen Wetterbedingungen klart es endlich von Westen her auf. Der Wind weht schwach, Böen werden seltener. Ein kleiner, erschöpfter Vogel landet vor meinen Füßen. Ich versuche ihn zu füttern, gebe ihm etwas Wasser und ein paar Kekskrümel. Eine heftige Regenfront hat ihn sicherlich vom afrikanischen Kontinent hergetrieben, und er muss mehrere Tage geflogen sein, um die 300 Seemeilen zurückzulegen, die uns von der Küste trennen.

Der Passat weht gleichmäßig aus Nordost. Er soll mich unter blauem Himmel mit 15 bis 25 Knoten bis zu den Azoren bringen. Aber das Wetter entspricht nicht der Vorhersage. Je weiter ich nach Norden komme, desto stärker bedeckt sich der Himmel, und der Wind weht schwach. Ich komme deshalb zu weit nach Westen. Jetzt sitze ich in der Flaute fest. Am frühen Morgen ist mein Vogel unter meinen Augen verendet. Seinen Körper habe ich bei 8° 28' Nord und 17° 27' West ins Meer geworfen. Für nur einen halben Tag hatte ich einen Freund an Bord. Ich bin traurig.

»Ich halte es nicht mehr aus!«

Der Wind macht mich verrückt. Wenden, reffen, Segel setzen. Gegen Abend stabilisiert sich der Wind, aber leider nicht aus der Richtung, die mich interessiert. Er kommt genau von vorn, nimmt auch noch zu, steigert sich von 15 auf 20, dann auf 25 Knoten. Die See ist jetzt hart und aufgewühlt, der Himmel bleibt bedeckt. Plötzlich bemerke ich ganz nah bei der UUNET eine Rückenflosse. Ein Haifisch, dessen Ausmaße und Geschwindigkeit mir jede Lust auf ein Bad nehmen. Man sieht sie nur selten, und ihre Anwesenheit erfreut keinen Segler.

Der Wind nimmt weiter zu. Während ich mich den Kapverdischen Inseln nähere, nimmt er Sturmstärke an. Die Böen sind besonders unregelmäßig und heftig, die See ist extrem schwierig. Ich binde drei Reffs ins Groß und setze die Sturmfock. Eigentlich wollte ich die Ausrüstung für die Antarktis in diesen Breiten nicht mehr hervorholen! Ohne die geringsten Ermüdungserscheinungen, ohne sich zu sträuben, nimmt die UUNET ihre Luftsprünge wieder auf. Aber ich habe das Gefühl, dass sie schon genug Schläge eingesteckt hat. Ich leide mit ihr und hoffe, dass sie durchhält. Nebel hüllt uns ein, der Himmel ist stark bedeckt. Das kommt sonst in dieser Ecke nie vor.

Die böse Geschichte geht weiter. Das Boot gerät mal wieder unter Wasser, die Sicht ist gleich null. Diese Weltumseglung gegen Strom und Wind ist die reinste Tortur. Ich habe die Nase voll! Randvoll! Ich schreie Lasnier an, als sei er schuld an dem Wetter. Ich halte dieses unerträgliche Wetter, mit dem ich mich seit vier Monaten herumschlage, nicht mehr aus. Nichts ist mir erspart geblieben, gar nichts! Im Südpolarmeer konnte ich das verstehen, da war ich ein Eindringling, da ist kein Platz für den Menschen. Aber hier, bei den Kapverdischen Inseln, findet man im Frühling nie solche schauderhaften Bedingungen. Nie! Normalerweise ist die See glatt, sanft und ruhig, schön und blau. Angenehm. Erfreulich. Und warum ist es in diesem Jahr nicht so? Ich hasse dieses Wetter, ich verfluche diese See. Ich verabscheue den Beginn des neuen Jahrtausends und das verdrehte Wetter. Ich halte die Schläge nicht mehr aus, die ständigen Stöße gegen den Rumpf und gegen meinen Körper.

Außer mir vor Erbitterung und in einem Versuch der Auflehnung gegen das Übermaß an Stürmen und Schlägen ergreife ich eine Winschkurbel und reagiere mich ab: am Kompass, am Kartentisch, der Bratpfanne, dem Deckel des Schnellkochtopfs und dem Telefon.

Kurslinien kreuzen sich

Sonnabend, 27. Mai, der 139. Tag auf See. Ich kreuze die Kurslinie meiner Hinfahrt. Nun muss ich noch bis Brest segeln und die Linie vor der Insel Ouessant überqueren. In Anbetracht der augenblicklichen Wetterbedingungen wird es wohl noch etwas dauern, bis ich dort sein werde!

Telefonische Einladung zum Diner im Elysée

»Hallo, guten Tag, hier ist Jacques Chirac.« Sonntagmorgen, am Muttertag, klingelt das Telefon. Die Stimme kenne ich. Endlich! Glücklicherweise hatte mich sein Sekretariat kurz vor dem Anruf benachrichtigt, sonst hätte ich geglaubt, Raphaël Mezrahi, der Taufpate des Bootes, oder irgendein anderer meiner vielen Freunde sei am Apparat, und ich hätte geantwortet, ich sei Ménie Grégoire. Nein, das ist kein Witz! Da ist wirklich der Premierminister der Republik, und er fragt, wie es mir geht. Das ist eine wirklich angenehme Überraschung. Gut zehn Minuten lang sprechen wir über die See, die Navigation und seinen Wunsch, mich zu einem Essen einzuladen, sobald ich zurück bin. Es soll menschlicher, weniger feucht und besser serviert werden als das, das ich seit vier Monaten allein einnehme. Ich nehme die Einladung gerne an. Der Anruf ist privat, er redet warmherzig mit mir. Er ist übrigens der einzige Politiker, der in seiner Zeit als Bürgermeister von Paris Hubert Auriol und mir 1992 nach unserem Sieg in der Rallye Paris – Dakar ein Glückwunschtelegramm geschickt hat.

Einige Minuten, nachdem ich aufgelegt habe, gibt mein Kocher den Geist auf. Der völlig verrostete Brenner hat sich buchstäblich aufgelöst, und ich kann nichts mehr heiß machen. Die Trockennahrung ist schon warm nicht gerade köstlich, aber stellen Sie sich vor, wie sie kalt schmeckt! Ich sehne das Diner im Elysée herbei!

Lieblicher Ausklang zwischen den Azoren

Eine Woche lang segle ich hart am Wind nach Norden. Allerdings treibt mich der Wind, der mit 30 Knoten aus Nordnordwest kommt, etwas zu sehr nach Westen ab, aber ich kann nichts machen. Die geographische Breite nimmt zu, und auf der Karte ziehen bekannte Punkte vorbei: Dakar, die Kanarischen Inseln, dann Madeira, das ich 400 Seemeilen östlich liegen lasse. Das Segeln ist immer noch mühselig. Die Tage werden länger, wenn auch der Himmel bedeckt bleibt. Als ich mich den Azoren nähere, nimmt der Wind stetig ab. Schließlich lässt sich die Sonne nachmittags am 1. Juni seit langem einmal wieder herab, ein bisschen zu scheinen, dafür schläft der Wind ein, und ich lege an diesem Tag nur 68 Seemeilen zurück, ein ganz schlechter Schnitt!

Am vorigen Sonntag, als Jacques Chirac anrief, habe ich gemerkt, dass die Kielbolzen sich zu lockern beginnen. Der Kiel ist am Schiffsboden in der Bilge mit zwei Reihen Kielbolzen befestigt. Wenn sich diese gelöst hätten, hätte der Kiel verrückt gespielt und die Bilge durchstoßen, wobei das ganze Boot dann von unten voll Wasser gelaufen wäre. Dank meiner regelmäßig durchgeführten Inspektionen ist der Kiel noch gut unter dem Rumpf befestigt. Sonst könnte diese Weltumseglung früher als erwartet zu Ende sein. Die Reise ist noch nicht geschafft. Mehr denn je muss ich jetzt am Ende alle Sinne wach halten, um die geringste Anomalie rechtzeitig zu bemerken.

Die Annäherung an die Azoren ist nicht einfach. Das Hoch erscheint früher als erwartet und verlagert sich nach Westen. Ich kann wählen, ob ich hart am Wind auf dem kürzeren Weg rechts am Hoch vorbeisegeln will, wobei ich wahrscheinlich kreuzen muß und sich die Strecke dadurch verlängern würde, oder ob ich das Hoch auf dem längeren Weg links umfahre und den Westwind nutze. Die zweite Lösung scheint mir am sichersten, um mein Boot zu schonen.

Wie auf einem Binnensee nähere ich mich abends bei einer leichten, sonnigen Brise den Inseln Faial und Pico. Lautlos gleitet die UUNET durch das schillernde Wasser. Meine tapfere Freundin scheint diese Beruhigung zu schätzen. Die Meerenge zwischen den beiden ist nur fünf Seemeilen breit, und von Bord aus kann ich sie in aller Ruhe betrachten. Das Leben scheint so friedlich auf diesen wunderschönen Vulkaninseln, die von den Touristen links liegen gelassen werden. Vor kurzer Zeit war die Hauptbeschäftigung der Inselbewohner noch die Walfischjagd!

Eine leichte Brise treibt mich also angenehm vor sich her. Langsam verschwindet die Sonne hinter dem Horizont. Es ist ganz still an Bord. Die Azoren sind die letzte Etappe vor meiner Ankunft in einigen Tagen.

Ich genieße in vollen Zügen diese Momente des Glücks, die in eigenartigem Gegensatz zu den vergangenen Monaten stehen. Es scheint, als wollten sich die Elemente am Ende dieser langen Reise miteinander versöhnen – hier, zwischen der wilden Schönheit dieser Inseln und der Heiterkeit, die von ihnen ausgeht. Vielleicht haben die Elemente gemerkt, dass sie dieses Jahr einfach zu weit gegangen sind. Sie wissen zweifellos, dass diese letzten Augenblicke in meiner Erinnerung an dieses Abenteuer eine wichtige Rolle spielen werden.

Als ich abends ins Kielwasser schaue und die Geschichte sehe, die ich hineingeschrieben habe, bin ich der glücklichste Mensch auf Erden. Ich bin versöhnt mit einer alten Freundin, der See.

Die UUNET und ich kommen von weit her, das wird mir an diesem Abend zum ersten Mal bewusst. Mein Geist wird ruhig, eine gewisse Entspannung bemächtigt sich meiner. Alles scheint so weit zurückzuliegen!

Während ich eine halbe Meile vor der Küste entlangsegle, betrachte ich die kleinen weißen, von der Abendsonne beschienenen Häuser. Mit dem Fernglas erkenne ich eine Kirche. Vor ihr eine Bank, auf der sich einige alte Männer unterhalten und die letzten Augenblicke dieses schönen Tages genießen. Dieses menschliche Leben scheint noch eins zu sein mit der Natur, deswegen möchte ich nicht von Zivilisation sprechen.

Ich bleibe hochkonzentriert

Die Nacht fällt ein und trägt all diese Gedanken mit sich fort. Der wolkenverhangene Himmel hat die Sterne verschluckt. Der Leuchtturm auf der Nordspitze von Pico verschwindet in der Dunkelheit. Auf meinem Kurs nach Ostnordost habe ich schnell mehrere Breitengrade zurückgelegt. 200 Seemeilen vor dem Bug liegt Brest.

Eine ständige Brise aus Nord zieht mich mit elf bis zwölf Knoten in Richtung Ouessant. Die Luft wird frischer, und in Schauern gibt es Sturmböen. Meine Freundin wird schneller, sie riecht den Stall.

Ich bleibe hochkonzentriert. Ich könnte es nicht ertragen, so kurz vor dem Ziel irgendetwas kaputtzumachen. Die Takelage muss doch sehr ermüdet sein, auch wenn es nicht so aussieht. Das Wetter ist immer noch unruhig, und nördliche Winde schütteln uns regelmäßig durch. Bei einem Vorsprung von zehn Tagen besteht also kein Grund, ein Risiko einzugehen. Ich muß jetzt auch immer mehr auf Frachter achten und habe noch einen weiteren Grund, achtsam zu sein: Ein italienischer Segler will das Schiff für die nächste Vendée Globe chartern. Damit könnte ich meine zwei Millionen Francs Schulden bezahlen. Mit umso größerer Zuneigung putze ich meine alte Reisefreundin für die Ankunft heraus.

Die Tage vergehen, und die Entfernung schrumpft. Ich versuche meiner Aufregung Herr zu werden. Aber dann überkommt mich Melancholie, weil etwas Großes zu Ende geht. Ich bedaure, dass ein Blatt meines Lebens gewendet wird, mit der Erinnerung an so viel durchgestandene Leiden. Jahrelang hat sich mein Leben um diese Geschichte gedreht. Die Tatsache, dass ich davon immer im Futur sprach, machte sie zu einem Ziel. Aber in wenigen Tagen werde ich in der Vergangenheit darüber reden. Das Abenteuer geht zu Ende, und ich habe das Gefühl, dass sich eine große Leere abzeichnen wird.

Ich habe einen Langzeitrekord geschlagen und weiß, was Zeit bedeuten kann, aber mir ist jedes Zeitgefühl verloren gegangen. Ich könnte tage- und monatelang weitersegeln. Das war nun fünf Monate lang mein Leben. Durch einige Anrufe wird mir klar, dass mich an Land eine große Menschenmenge erwarten wird. Ich bereite mich auf die Ankunft vor und frage mich dabei, wann ich wieder aufbrechen werde.

Bis zum Schluß gegen Strom und Wind

Donnerstag, der 8. Juni 2000. Ich kreuze ein paar Fischkutter und Frachter. Die UUNET und ich sind wieder über der Kontinentalplatte. Ein Flugzeug fliegt über mich hinweg. Sie kommen …

In der Nacht zeigen mir Positionslichter, dass der Verkehr dichter wird. Die Menschen sind nicht mehr fern. Einige aufeinander folgende Schauer zwingen mich, ständig zu manövrieren. Ich könnte sowieso nicht schlafen.

Der Wind dreht auf Nordnordwest. So beende ich diese Weltumseglung auch wirklich gegen Strom und Wind. Das ist jetzt zur Routine geworden. Die Morgendämmerung zeigt sich über einem wild bewegten Himmel.

Ein Hubschrauber taucht am bedrohlichen Himmel auf, dann ein zweiter. Gleich darauf erblicke ich den großen Trimaran meines Freundes Olivier de Kersauson. Was für ein wundervoller Anblick, wie er diese gewaltigen Wellen durchschneidet!

Eine Handbewegung. Ein Augenzwinkern. Wir verstehen uns. Wir haben dieselbe Leidenschaft, waren an denselben Orten. Er weiß, was ich erlebt und noch nicht gesagt habe.

Gegen Ende des Vormittags zeichnen sich in der Ferne die Umrisse einer Insel ab. Und plötzlich leuchtet mitten in dem

Himmel voller schwarzer Wolken ein Sonnenstrahl auf den Leuchtturm von Ouessant, der wie eine Schildwache vor dem Bug aufragt.

Noch etwa zehn Seemeilen. Mein Herz bebt. Ich setze weitere Segel. Stolz erstrahlt die UUNET in ihrem ganzen Schmuck. Die See beruhigt sich, vielleicht aus Höflichkeit, um mich den Augenblick auskosten zu lassen. Es kommt mir so vor, als wollten mir die Elemente Respekt erweisen und mich begrüßen, nachdem ich diese Reise nun vollendet habe.

Der Leuchtturm von Ouessant liegt jetzt querab. Vor fünf Monaten habe ich ihn verlassen. Eine große Menge von Schiffen ist mir entgegengekommen. Die UUNET ist herrlich, sie leuchtet mit ihren starken, kontrastreichen Farben.

Ich blicke nicht auf. Die Boote halten sich zurück, sie kommen noch nicht näher. Da ist die Linie! Plötzlich ein Schuss aus einer Kanone. Es ist zu Ende. Ich kann die Augen heben. Ich sehe um mich herum all die Gesichter, die gleichzeitig lachen und weinen. Ich sehe Coco. Von diesem Moment gehen solche Freude und solcher Ernst aus, dass mir erst jetzt bewusst wird, woher ich komme.

Es ist 10 Uhr 50 am Freitag, dem 9. Juni 2000.

Nach 151 Tagen, 19 Stunden, 54 Minuten und 36 Sekunden auf See wurde der Rekord von Mike Golding um 9 Tage, 20 Stunden, 37 Minuten und 48 Sekunden geschlagen.

Danksagung

Partner

Industrie- und Handelskammer, Port de Cannes
Elf
France Info
Frédéric M.
Graphiland
Hotel Carlton
Otis
Pontault-Combault
Radio Saint-Tropez
Swift Marine
Tactic Events
Un Tour En Mer
Uunet
Stadt Cannes
Waw.Com
Yacasaimer
Yema

Hersteller, Ausrüster, Werft

Accastillage Diffusion: Decksbeschläge
Aigle: Ölzeug und Seebekleidung
Agl Marine: Ausrüstung und Farben
Brookes: Elektronik

182

Cabinet Chevalet: Versicherung
Chien Noir: Tauwerk
Cie Hydrotechnique: Entsalzungsanlage
Elvström Sails: Segel
Espace Composite: Mast, Baum
Fulmen: Batterien
Gepem: Einbau der Elektronik
Graffiti: Aufkleber, Dekoration, Schriftzüge auf den Segeln
Gréement Import: Decksbeschläge
Gremco: laufendes und stehendes Gut
Harken: Winschen
Hydroem: Zylinder für den Kippkiel
JP3: Präzisons-Verarbeitung
Kontron: Bordcomputer
Lewmar: Decksbeschläge
Lyofal: Trockennahrung
MAG France: Werft
Marc Lombard: Konstrukteur des Umbaus zur UUNET
Mediaco: Kranen und Lagerhaltung
MétéoMer: Wettervorhersage
Mutuelles du Mans: Schiffsversicherung
Navtec: Stehendes Gut
Nefertiti: Filme und Installation der Video-Kameras
Pommery: Begrüßungs-Champagner bei der Ankunft im
        Hafen von La Rochelle
Profurl: Rollreffanlage
Reya: Elektrik
SD Marine: Autopilot und Radar
Seayou: Seekarten
Sécuritas Monaco: Leasing
Stoppani: Farben

TD Com: Übertragungen
Volvo: Motor und Lichtmaschine
Windreport: Website

Mannschaft

Fotografen: Yvan Zedda, Jérôme Kelagopian, Yves Forestier,
Laurent de Bartillat
Kameramänner: Hugues Buchard, Laurent Célarié, Fulvio
d'Aguano
Jean-Pierre Jarier: Leasing-Bürgschaft
Raphaël Mezrahi: Taufpate des Bootes
Marketing: Columbia River, Christophe Hébert, Marie
Bucaille und Valérie de Chevigny
Presseabteilung des nationalen Marinemuseums (Musée
national de la Marine): Admiral Prud'homme, Sylvie
David Riverieux, Claude Belarbre
Didier Piron: Funkorganisation
Jean-François Fournier: Presseabteilung in Cannes
Jacques Delorme: Ausrüster
Sylvain, Stéphane und Godefroy Bernadette: Assistentinnen
am PC in Cannes
Tiburce Darou: Fitnesstrainer
Marc Saramito: Arzt
Hélène Saint-Loubert: Agentur Grenade

Technische Daten der UUNET
(Open 60 Monohull)

Konstrukteur: Philippe Briand, völlige Neugestaltung des
    Bootes im Jahr 1998 (bis auf den Rumpf)
Konstrukteur des Umbaus zur UUNET: Marc Lombard
Werft: MAG France
Masten: Espace Composite
Segelhersteller: Elvström-France
Stapellauf: 29. September 1998 in La Rochelle
Rumpfmaterial: Kevlar/Kohlefaser
Länge über alles: 18,28 m
Länge in der Wasserlinie: 16,88 m
Breite: 5,54 m
Mast: Kohlefaser, Höhe 27,00 m
Tiefgang: 4,50 m
Verdrängung: 10,5 t
Kiel: kippbar um 30°, 3,9 t Gesamtballast, davon 3,2 t Blei in
    der Kielbombe
Großsegel: 165 m^2
Genua: 94 m^2
Fock: 56 m^2
Spinnaker: asymmetrisch, 280 m^2
Stromerzeugung: Volvo-Diesel, 18 PS

Die wichtigsten technischen Partner

COLUMBIA RIVER
beratende Agentur für Sport-Marketing. Ich habe Christoph Hébert vor etwa acht Jahren kennen gelernt, als er Olivier de Kersauson im Rahmen der Trophée Jules Verne an Bord der CHARAL betreute. Er nannte mir zahlreiche potenzielle Partner, und so fand ich durch ihn den Hauptsponsor der Weltumseglung und dann weitere Co-Sponsoren.

Zusammen mit seinen Leuten hat er das Projekt koordiniert und die Verhandlungen professionell und in einem Klima des Vertrauens geführt, das für mich und alle Beteiligten wertvoll und notwendig war. Vor allem danke ich allen Beteiligten dafür, dass sie Journalisten und der Öffentlichkeit ermöglicht haben, an meinem Abenteuer teilzuhaben.

ESPACE COMPOSITE
Espace Composite hat durch die tadellose Ausführung und sorgfältige Herstellung von Mast und Baum aus Karbon sowie mit der vorzüglichen Qualität der Fallscheiben und Scheibengatts dafür gesorgt, dass ich während der ganzen Weltumseglung völlig ruhig sein konnte. Es gab kein Delaminierungsproblem, keine Abnutzung der Scheibengatts – Hut ab, meine Herren!

ELVSTRÖM SAILS
Bei der Planung der Segel kam es darauf an, leistungsfähiges Spitzenmaterial mit Widerstandskraft und langer Lebensdauer zu finden. Was man besonders zu berücksichtigen hat-

te, waren die Beanspruchung der drei Reffs am Großsegel, das Schamfilen sowie die Langzeiteinflüsse der Windkraft. Ziel war, die Abnutzung des Segeltuchs trotz seiner größtmöglichen Leichtigkeit äußerst gering zu halten. Rückblickend kann ich mich für meine Entscheidung beglückwünschen. Das ganze Ersatzmaterial für die Rückreise liegt noch unbenutzt in Kapstadt. Das Erstaunen der Spezialisten, als sie bei der Ankunft bemerkten, wie »frisch« meine Segel aussahen, hat mich sehr gefreut!

HARKEN

Bei Winschen lässt sich die Qualitätsanforderung an leichtgängigen Lagern mit langer Lebensdauer nur schwer verwirklichen. Probleme der Elektrolyse zwischen Aluminium und Inox, die sich durch das Salzwasser ergeben, sind die Ursache für »Kolbenfresser« und bereiten während solcher langen Seetörns ständig Wartungsprobleme. Auf der UUNET sind alle Winschen so alt wie der 1989 gebaute Rumpf und haben schon vier Weltumseglungen hinter sich. Nach einer einfachen Kontrolluntersuchung waren sie bereit für die fünfte Tour, die Vendée Globe 2000. Auf See war keinerlei Demontage notwendig, sie haben eine sehr gute Zugkraft, arbeiten ausgezeichnet beim Selftailing und sind absolut zuverlässig. Es ist Harken gelungen, Hightech und Langlebigkeit miteinander zu verbinden.

JEANNEAU

Die Art, wie der Rumpf unter Kontrolle von Jean-François de Prémorel in der Abteilung »Jeanneau Techniques Avancées« von der gleichnamigen Werft hergestellt wurde, ist bemerkenswert. Dass dieser Rumpf trotz seiner vier Weltumseglungen immer noch in tadellosem Zustand ist, liegt daran, dass Glasfaser, Karbon und imprägniertes Kevlar mit größter Sorgfalt aufgebracht wurden, und an der Perfektion, mit der die Erhitzung auf 120° C für die Polymerisation erfolgte.

MAG

Die berühmte Werft in Fontenay-le-Comte in der Vendée, die einen riesigen Ofen zum Aushärten eines ganzen Bootes von 30 Metern Länge besitzt, hat unter der Leitung von Robert Sicard und der Kontrolle des großartigen Nordahl Mabire erfolgreich mehrere Boote für den America's Cup und das Whitbread Race gebaut. Ich hatte beschlossen, ihnen den Rumpf anzuvertrauen und kann mich zu dieser Wahl nur beglückwünschen.

MÉTÉOMER

MétéoMer verkörpert die ganze Leidenschaft und das Charisma eines Mannes namens Pierre Lasnier in Puget-sur-Argens in der Provence. Seine Hauptaufgabe an der Spitze eines 15-köpfigen Teams für meteorologische Analysen ist die Vorhersage von Seegang und Wetter für Bohrinseln, Unterwasserarbeiten und für die Begleitung außergewöhnlicher Seetransporte. Seine Leidenschaft für Hochseerennen hat ihn dazu geführt, dass er seit etwa 15 Jahren Teilnehmer begleitet, unter denen ich einer der Ersten war. Gemeinsam haben wir viele Ozeane überquert. Während dieser Weltumseglung hat Pierre äußerst ausgefeilte und qualifizierte Arbeit geleistet – mit dem bekannten Erfolg. Abgesehen von seiner angeborenen meteorologischen Begabung ist er vor allem ein echter Freund.

MUTUELLES DU MANS

Für eine Weltumrundung auf einem Regattaboot gegen Strom und Wind eine Versicherung abschließen zu wollen, ist ein schier unmögliches Ansinnen. In diesem Zusammenhang war der Vertrag mit den Mutuelles du Mans mehr als positiv, denn sie haben sich weiter für Hochseerennen engagiert und versichern alle 60-Fuß-Mehrrumpfboote und neuerdings auch die Einrumpfboote für das Vendée Globe. Mit Hilfe entschlussfreudiger Männer beenden sie so eine jahrelange Wartezeit. Die Türen der Segelwelt stehen ihnen weit offen, weil sie den Sponsoren die Möglichkeit geben, bei ihren Investitionen das Risiko zu versichern, das auftritt, wenn es vor dem Start eines Rennens Probleme gibt. Gestützt auf ihre Erfahrungen im Freizeitbereich, bieten sie Berufsseglern einen echten Service.

NAVTEC

Das stehende Gut umfasst alles, was den Mast hält: Wanten, (vor allem die Profilwanten aus rostfreiem Stahl), Stagen, Wantenspanner und Backstagen aus Kevlar. Seit 15 Jahren arbeite ich mit Navtec zusammen. Hochqualifiziert und korrekt bieten sie erstklassiges Material an. Auf solchen Booten ist der Mast enormen Beanspruchungen ausgesetzt. Wenn ein Want, das 3000 Francs gekostet hat, bricht, kommt der Mast mit allem, was daran hängt, herunter – Segel, Rollreffanlage, Tauwerk, Radar, Baum –; der Schaden kann sich auf 1,5 bis 2 Millionen Francs belaufen. Und darum braucht man das beste Material!

PROFURL

Seit meiner ersten Weltumseglung bin ich auf die Rollreffanlagen der Firma Profurl »geeicht«. Die Zuverlässigkeit und Leichtigkeit dieses Materials ermöglichten mir, ohne das geringste Problem mit ihnen dreimal die Welt zu umsegeln. Grundlage für die Zuverlässigkeit ist die Qualität der Legierung, was das perfekte Verhalten der Rollreffanlagen erklärt.

SÉCURITAS

Seit zwölf Jahren ist die in Monaco ansässige Sécuritas mein Kredit- und Leasinginstitut. Es ist fast unmöglich, bei einer französischen Bank auch nur den kleinsten Kredit für einen Regattasegler oder jedes andere außergewöhnliche Projekt loszueisen, dessen monatliche Raten möglicherweise durch auftauchende Sponsoren bezahlt werden sollen. Sécuritas hat sich auf besondere Risiken spezialisiert. Sie finanzieren Jahrmarktkarussells und so ungewöhnliche Personen oder Gesellschaften wie mich. Wir haben vertrauensvolle Gespräche geführt, und besonders im Hinblick auf dieses Projekt habe ich gewagte Klauseln ausgehandelt, die immer zu einem guten Ende geführt haben.

SD MARINE

a) Autohelm

Die allerwichtigste Anforderung an den Autopiloten, der rund um die Uhr funktionieren soll, ist Zuverlässigkeit. Aber auch die Möglichkeiten der Regulierung und Antizipation muss man von einer Selbststeuernalage verlangen. Ein schlechter Pilot holt bei achterlichem Wind durchschnittlich zwei Knoten weniger 'raus. Das macht 48 Seemeilen in 24 Stunden. Ich bemühe mich also, mit ausgeklügelten Rech-

nern zu arbeiten, die eine Feinabstimmung des Kurses er-
möglichen. Wie die meisten Skipper auf 60-Fuß-Booten arbeite ich seit 12 Jahren mit Autohelm zusammen. Der »Autohelm 7000« bot Zuverlässigkeit in jeder Lage und optimale
Feinheit in der Regulierung. Er hat die UUNET praktisch un-
unterbrochen fünf Monate lang völlig problemlos gesteuert,
mehr kann man nicht verlangen.

b) Raytheon
Im Dunst des Südpolarmeeres kann man ohne Radar nicht
überleben. Hoch oben im Mast befestigt, muss es monatelang
ständige Stöße aushalten, besonders wenn es um einen Rekord gegen Strom und Wind geht. Seine Unempfindlichkeit
gegen Erschütterungen und die sehr gute Auflösung des
Bildschirms ermöglichten mir, zahllose Eisberge zu vermeiden … und das unter extremen Umständen.

VOLVO
Seit meiner ersten Weltumseglung statte ich meine Boote mit
Volvo 18 PS-Dieselmotoren aus, die auch als Generator genutzt werden. Der Qualität und Verarbeitung sowie der sorg-
fältigen Montage verdanken die Volvo-Motoren ihren Ruf
der Zuverlässigkeit.
Der einfache Volvo-Motor hatte einen Verbrauch von 0,8 Li-
tern pro Stunde und war ca. drei Stunden pro Tag im Einsatz.

WINDREPORT
Windreport hat die Website entworfen und sie während der
Weltumseglung betreut und aktualisiert. Sie haben tolle
Arbeit geleistet! Dadurch, dass sie durchgehend 24 Stunden
lang die Position des Bootes, Artikel und Fotos sowie den

Wortlaut meiner Interviews ins Internet gestellt haben, konnten tausende von Menschen auf der ganzen Welt, alle meine Freunde und die Journalisten an meinem Abenteuer teilnehmen. Das Ausmaß wurde mir nach der Rückkehr beim Anblick der hunderte von E-Mails klar, die ich aus allen Ecken der Welt empfangen hatte, aus Japan, Kanada, Südafrika. Ungeheuer nette Fremde, aber auch Freunde, von denen ich seit Jahren nichts gehört hatte. Tatsache ist, dass ich durchs Web gar nicht so allein war. Klasse!